今さら聞けない鉄道の基礎知識 001

貨物列車

著者／植松　昌

写真:西　光

CONTENTS

はじめに …… 004

第1章　貨物列車の基礎知識

1-01▶貨物列車とは …… 006
1-02▶貨物鉄道輸送とほかの貨物輸送手段 …… 008
1-03▶貨物鉄道輸送の特徴 …… 010
1-04▶貨物列車を見るには …… 012
1-05▶貨物鉄道輸送の輸送方法とおもな積荷 …… 014
1-06▶貨物列車の列車種別と列車番号 …… 016
1-07▶貨物列車の時刻表と列車ダイヤ …… 018
1-08▶少量のモノを運ぶ荷物輸送と小口貨物輸送 …… 020

第2章　貨物列車のしくみ

2-01▶車扱列車による車扱輸送 …… 024
2-02▶コンテナ列車によるコンテナ輸送 …… 026
2-03▶貨物取扱駅とコンテナ取扱所 …… 028
2-04▶貨車集結輸送方式による貨物列車 …… 030
2-05▶操車場のはたらき …… 032
2-06▶貨物輸送を支える「通運」 …… 034
2-07▶貨物列車の長さと編成内容 …… 036
2-08▶貨車車票とコンテナ荷票 …… 038
2-09▶貨物列車の情報システム …… 040

第3章　貨物列車と貨物鉄道輸送の歴史

3-01▶明治期の貨物列車と貨物輸送 …… 044
3-02▶大正期の貨物列車と貨物輸送 …… 046
3-03▶戦前期の貨物列車と貨物輸送 …… 048
3-04▶戦中・戦後復興期の貨物列車と貨物輸送 …… 050
3-05▶貨物輸送の近代化と貨物列車 …… 052
3-06▶貨物輸送の質的改善と貨物列車 …… 054
3-07▶貨物輸送の大変革と貨物列車 …… 056
3-08▶ＪＲ貨物への移行と貨物列車 …… 058
3-09▶150年を迎えた貨物列車と貨物輸送 …… 060

第4章　貨物電車と貨物用機関車

4-01▶貨物電車 …… 064
4-02▶貨物列車用直流電気機関車 …… 066
4-03▶貨物列車用交流・交直両用電気機関車 …… 068
4-04▶貨物列車用ディーゼル機関車 …… 070

第5章　貨車の種類

5-01▶貨車の種類と形式記号・番号 …… 074

5-02▶貨車の塗色と標記 …… 078
5-03▶有蓋貨車 …… 080
5-04▶タンク貨車 …… 082
5-05▶無蓋貨車 …… 084
5-06▶コンテナ貨車 …… 086
5-07▶ホッパ貨車 …… 088
5-08▶事業用貨車 …… 090
5-09▶新幹線貨車 …… 092

第6章　貨車の構造

6-01▶有蓋貨車の車体構造 …… 096
6-02▶タンク貨車の車体構造 …… 098
6-03▶無蓋貨車の車体構造 …… 100
6-04▶コンテナ貨車の構造と緊締装置 …… 102
6-05▶ホッパ貨車の車体構造 …… 104
6-06▶2軸・3軸貨車の走り装置とばね装置 …… 106
6-07▶ボギー貨車用台車 …… 108
6-08▶連結器装置と台枠構造 …… 110
6-09▶自動空気ブレーキ装置 …… 112
6-10▶基礎ブレーキ装置と補助ブレーキ装置 …… 114

第7章　コンテナの種類

7-01▶コンテナの種類と形式記号・番号 …… 118
7-02▶コンテナの塗色と標記 …… 122
7-03▶有蓋コンテナ …… 124
7-04▶冷蔵コンテナ …… 128
7-05▶冷凍コンテナ …… 130
7-06▶通風コンテナ …… 132
7-07▶無蓋コンテナ …… 134
7-08▶タンクコンテナ …… 136
7-09▶ホッパコンテナ・活魚コンテナ・電源コンテナ …… 138
7-10▶事業用コンテナと国際海上・ISO規格コンテナ …… 140

おもな参考文献 …… 142
貨物列車用語の索引 …… 143

コラム

私有貨車と私有コンテナ …… 022
貨物鉄道博物館と物流博物館 …… 042
国際海上コンテナ輸送 …… 062
ディーゼル貨車 …… 072
豚積車の形式記号は なぜ「ウ」なのか …… 094
貨車の検査 …… 116

はじめに

皆さんは貨物列車というと、どのような光景を思い浮かべるであろうか。駅のホームで列車を待っていると、機関車に牽かれ通り過ぎてゆく長いコンテナ列車であろうか。40代以上の人であれば、子供のころや若いころに見たさまざまな貨車が連なった列車の姿かもしれない。その一方、貨物列車は貨物を運ぶ列車であることは知っているが、地味でなじみも薄くちょっと近づきにくく難しいもの、とのイメージを持っているかもしれない。

貨物列車は旅客列車と違い、乗ることができないのが最大の要因ではないだろうか。さらに昭和ではごく普通だった駅の片隅で貨車に貨物を積卸しする光景も、今では目にすることができなくなってしまった。そのため、貨物列車と貨物鉄道輸送は一種のブラックボックスになってしまっているのではないだろうか。

本書では、鉄道に興味を持ち始めた初心者や貨物列車のことを改めて知りたいと思う人に向け、貨物列車と貨物鉄道輸送のしくみ、貨物列車特有の用語の説明や150年にわたる歴史、おもな貨車やコンテナなど、そのあらましを簡単にまとめたものである。

地味でなじみが薄く、ちょっと難しそうに思われがちな貨物列車と貨物鉄道輸送について、本書を通じて少しでも知識と興味を深めてもらえれば幸いである。

2024年3月　植松　昌

写真：渡辺圭介

第1章

貨物列車の基礎知識

写真:西　光

1-01

貨物列車とは

貨物列車はモノを運ぶ

貨物列車とは、文字どおり貨物、すなわちモノを運ぶ列車のことである。人間（旅客）を除くすべてのモノは貨物（積荷）として輸送することができ、それを輸送する車両である貨車、もしくは輸送容器の一種であるコンテナに積み込まれるが、コンテナは車輪が付いていないためコンテナ輸送専用の貨車であるコンテナ車に載せられ貨物列車で運ばれる。

これに対し旅客を運ぶのが旅客列車、旅客と貨物の両方を一緒に運ぶのが混合列車である。貨物列車と旅客列車は全国各地で運転されているが、国鉄（日本国有鉄道）時代に各地のローカル線で見られた混合列車は、今は黒部峡谷鉄道で関係者向けの列車として運転されているだけである。

鉄道を利用した貨物列車と混合列車による貨物輸送が貨物鉄道輸送であり、旅客列車と混合列車による旅客輸送が旅客鉄道輸送である。

旅客鉄道輸送との違い

旅客鉄道輸送において、旅客は駅まで自分で来て旅客列車に乗り、目的の駅で降りるか途中の駅で別の列車に乗り換えてくれる。ところが貨物は自ら列車に乗ることができないため、荷役《にやく》装置またはフォークリフトなどの荷役機械を用いて貨車やコンテナに積み込まれ、貨物取扱駅から行先に応じた貨物列車で運ばれる。目的の駅に向かう列車がない場合は、途

現在の貨物列車の中心であるコンテナ列車。色とりどりのコンテナが目を楽しませてくれる　写真：植松昌

中の貨物取扱駅で貨車を入れ換えたりコンテナを載せ替えたりして、別の貨物列車に引き継がれ目的の駅へと向かう。旅客鉄道輸送における乗換えに相当するものである。目的の駅に到着した後は、貨物を取り卸す必要がある。このように、貨物鉄道輸送は手間がかかるものである。

また旅客鉄道輸送では、一般的に旅客は元の駅に戻ってくるため往復輸送となるが、貨物鉄道輸送は基本的に一方向への片道輸送となる。農産品などは産地から消費地となる都市部に向け輸送され、工業品や雑貨などは逆に地方に向け輸送されることが多い。

さらに貨物鉄道輸送は季節による輸送量の変動が大きくて長い。旅客鉄道輸送でも年末年始や春の大型連休、旧盆の時期は輸送がピークとなるが、せいぜい10日間程度である。それに対し、貨物鉄道輸送では米やタマネギ、ジャガイモなど農産品の出荷がピークを迎える秋から年末年始物資が輸送される年末まで、輸送量の多い期間が長期にわたり続く。また3月も引越や年度末の納品で輸送量が多くなる。

そのため、各駅での方面ごとの輸送需要は異なり、貨物発着量の違いによる貨車やコンテナの過不足が生じてくる。そこで貨車やコンテナの数量が各駅の貨物量に応じたものとなるよう、貨物列車を使って貨車やコンテナを回送する必要がある。このように、同じ鉄道による輸送でも旅客輸送と貨物輸送とでは大きな違いがある。

旅客と貨物の輸送量が少ないローカル線では混合列車を走らせ一緒に輸送していた　写真：植松昌

積荷を載せたコンテナはフォークリフトでコンテナ車に積み込まれる　写真：平野玲音

滞貨であふれる1970年の汐留駅。この年が貨物鉄道輸送のピークであった　所蔵：物流博物館

貨物鉄道輸送と ほかの貨物輸送手段

貨物輸送の主役は鉄道から自動車へ

貨物鉄道輸送はかつて、わが国貨物輸送の主役の座にあった。しかし現在は役割が限られている。輸送手段（機関）別の貨物輸送量を見ると、単純な貨物量を示す輸送トン数では自動車輸送が90%以上を占めており、鉄道輸送は1%にも満たない。貨物量に輸送距離をかけあわせた輸送トンキロにしても鉄道は5%に届かず、自動車輸送の55%、内航海運輸送の40%に遠く及ばない。

さらに言えば、鉄道輸送は駅から駅へ、内航海運輸送は港から港への輸送であり、荷主から駅や港まで、鉄道や内航海運で輸送した後の駅や港から納入先まではおもにトラックなどの自動車輸送が担っている。このように、現在の貨物輸送は自動車がなくてはならないと言える。

中長距離輸送に用いられる鉄道輸送

しかしながら輸送手段別の輸送トン数

輸送機関別 輸送量一覧（2021 年度）　　参考：総務省統計局『日本の統計2023』

輸送機関	輸送トン数		輸送トンキロ		平均輸送距離
	千トン	割合	百万トンキロ	割合	キロメートル
自動車	3,888,397	91.4%	224,095	55.4%	58
鉄道	38,912	0.9%	18,042	4.5%	464
内航海運	324,659	7.6%	161,795	40.0%	498
航空	557	0.0%	609	0.2%	1,093
合計	4,252,525	100.0%	404,541	100.0%	95

輸送機関別
CO2 排出量比較

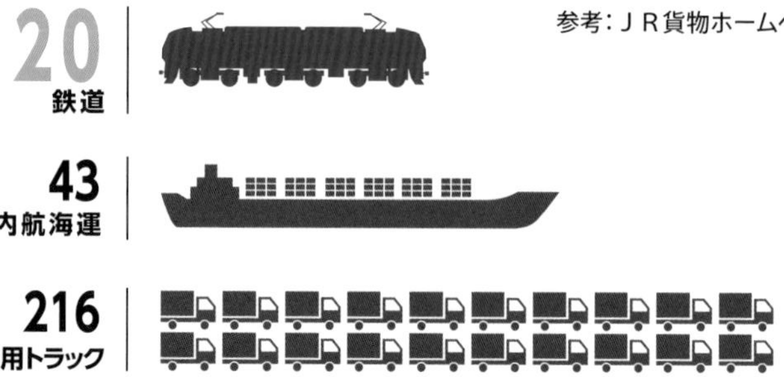

参考：ＪＲ貨物ホームページ

貨物輸送機関の CO_2 排出原単位 :2021 年度実績
※貨物１トンを 1km輸送するときに排出するCO_2 の量（g-CO_2/t.km）
参考：国土交通省総合政策局環境政策課ホームページ「運輸部門における二酸化炭素排出量」

と輸送トンキロの割合を比較してみると、少し様子が違う。自動車輸送の輸送トンキロの割合は輸送トン数の割合の約60%にまで減少する。一方、鉄道輸送と内航海運輸送はそれぞれ約5倍の大幅増となっている。これは、自動車輸送が短距離中心であるのに対し、鉄道輸送と内航海運輸送は中長距離輸送が多いことを示している。輸送トンキロと輸送トン数から平均輸送距離を算出してみると、自動車がわずか58kmであるのに対し鉄道は464km（コンテナ輸送794km、車扱輸送83km）、内航海運は498kmと、その差は歴然である。このように、鉄道は中長距離輸送に多く用いられるのである。

環境にやさしい貨物鉄道輸送

わが国は、2050年までにCO_2などの温室効果ガスの排出を全体としてゼロにすることを目指しており、貨物輸送においてもCO_2の削減が求められている。各輸送手段のCO_2排出量を比較すると、鉄道と内航海運の排出量は自動車に比べ大幅に少なく、とくに鉄道は自動車（営業用トラック）の約11分の1と環境負荷がもっとも少ない。自動車から環境に優しい鉄道や内航海運に転換することはモーダルシフトと呼ばれ、持続可能な社会の実現に向け国を挙げて推進されている。

また、貨物鉄道輸送を積極的に進めている企業や商品を対象に認定する「エコレールマーク」制度があり、エコレールマークを商品などに表示することができる。エコレールマーク商品を買うことで一般消費者も環境負荷低減に貢献することができるのである。

なお、内航海運でも同様の「エコシップマーク」制度があり、鉄道輸送と内航海運輸送の双方に対応したコンテナのなかには両方のマークを付けたものもある。

エコレールマークの認定基準

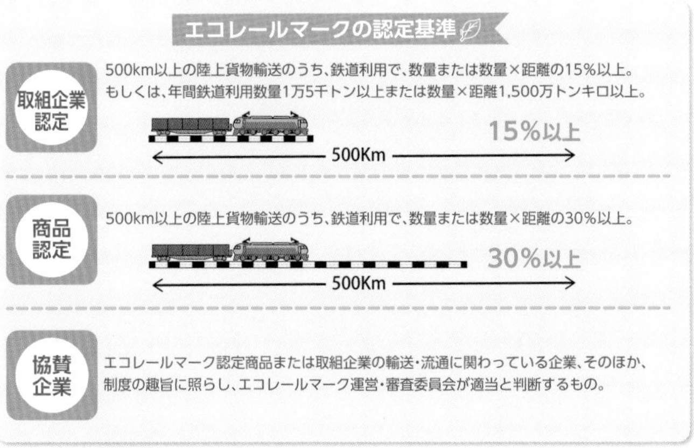

参考：鉄道貨物協会ホームページ

鉄道輸送と内航海運輸送の両方に対応したコンテナにはエコレールマークとエコシップの両方が付けられている
写真：植松昌

貨物鉄道輸送の特徴

大量の貨物を効率よく運ぶ鉄道輸送

貨物鉄道輸送が中長距離輸送によく用いられるには理由がある。貨物列車はコンテナ列車1本で最大650トンの貨物を輸送することができるが、これは10トントラック65台分に相当する。これを貨物列車は東京～大阪間で3人、東京～福岡間で8人の運転士（機関士）が、おおむね数時間ごとに途中駅で交代しながら運転する。一方、トラック輸送では1台につき1人、少なくとも65人の運転手が必要となる。

そのため、輸送距離が東京～大阪間に相当する500～600km以上あれば、鉄道輸送はトラックなどの自動車輸送に対抗できる。この距離であれば、駅でのトラックとの積卸し（荷役）時間を加味した輸送時間や運賃も自動車輸送と同等になり、それ以上の距離では鉄道が優位となる。

内陸部まで安全、確実に輸送

鉄道輸送と同様に、中長距離輸送では内航海運も用いられる。しかし内航海運は港のある臨海部に向けた輸送となるため、内陸部への輸送には適さない。また、内航海運は天候により運航が左右されることがある。それに対し、鉄道輸送は線路が敷かれた内陸部まで輸送できる。また天候による影響を受けにくく、列車ダイヤ（時刻）により発着時間が決まっており、自動車輸送のように渋滞による遅延を心配することもなく計画的に輸送することができる。さらに線路上を輸送するため、石油製品や化学薬品などの危険

10トントラック65台分は貨物列車26両分

参考：ＪＲ貨物ホームページ

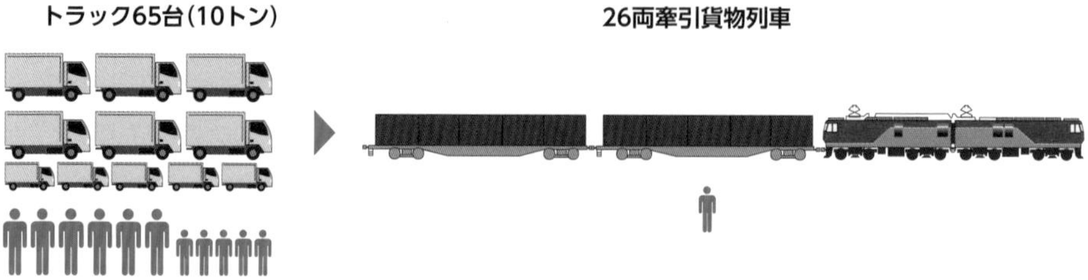

貨物列車は最大 650トン（10トントラック 65台分）の輸送が可能であり、トラックの走行による燃料消費を削減し、省エネルギーに貢献します。

貨物列車は大量の貨物を少ない運転士で、内陸部まで列車ダイヤに従って運転される　写真：渡辺圭介

2011年の東日本大震災で郡山地区へ石油を輸送するため、磐越西線経由で運転された根岸からの石油列車
写真：渡辺圭介

2018年7月豪雨では山陽本線がしばらく不通になり、伯備線・山陰本線・山口線経由の迂回貨物列車が運転された　写真：西　光

物も安全に輸送することができる。

貨物鉄道輸送の弱点

鉄道輸送では、貨物列車が線路上を列車ダイヤに従って運転するがゆえの弱点もある。まず、小回りの利いた輸送ができない。荷主の都合により出発時間を変更しようとしても、列車の出発時間は決まっており変更することはできない。また、急に輸送量を増やそうとしても、ほかの貨物で列車がいっぱいの場合、すぐには増やせない。それに対し、自動車輸送であれば比較的簡単にこれらの要望に対応することができる。

また、事故や天災で線路が不通になると列車は運転できなくなってしまう。昨今の異常気象による集中豪雨や台風などの自然災害の増加により、鉄道路線がしばらく不通になることが増えている。JR貨物（日本貨物鉄道）では、トラックや船舶でコンテナを代わりに輸送する代行輸送を行ったり、2011（平成23）年の東日本大震災では盛岡・郡山地区への石油列車を首都圏から日本海側経由で輸送したように、迂回列車を運転したりすることで輸送力の確保に努めている。

1-04

貨物列車を見るには

貨物鉄道輸送の中心、JR貨物

鉄道による貨物輸送は1980年代前半（昭和55～59年）まで、国鉄、民鉄（私鉄）を問わず全国各地の鉄道路線の至るところで見られたが、現在ではＪＲの主要幹線と、臨海鉄道を含む一部の民鉄だけとなっている。ＪＲ線の貨物輸送は国鉄を分割民営化した際の取り決めで、事業用貨物（社内用の貨物）を除き全国すべてをＪＲ貨物が扱うこととなっている。ＪＲ貨物はＪＲ旅客会社や第三セクターの線路を借りて貨物列車を走らせており、ごく一部の貨物専用線を所有しているに過ぎないのである。

各鉄道会社別の貨物輸送量を表に示すが、ＪＲ貨物は輸送トン数でも多くを占め、輸送トンキロに至っては、そのほとんどをＪＲ貨物が占めている。さらに言えば、貨物輸送を自社線のみで行ってい

鉄道会社別 輸送量一覧

参考：国土交通省『鉄道統計年報』2020年度

鉄道会社	輸送トン数			輸送トンキロ		
	合計 千トン	コンテナ 千トン	車扱 千トン	合計 千トンキロ	コンテナ 千トンキロ	車扱 千トンキロ
日本貨物鉄道	26,773	18,787	7,986	18,044,899	16,815,660	1,229,238
八戸臨海鉄道	196	196	0	1,667	1,667	0
岩手開発鉄道	2,130	0	2,130	24,499	0	24,499
仙台臨海鉄道	765	235	529	4,062	1,199	2,863
福島臨海鉄道	224	70	154	1,075	335	740
秋田臨海鉄道	46	46	0	251	251	0
黒部峡谷鉄道	26	0	26	406	0	406
鹿島臨海鉄道	253	253	0	2,770	2,770	0
秩父鉄道	1,791	0	1,791	67,221	0	67,221
京葉臨海鉄道	1,917	421	1,496	20,344	4,070	16,274
神奈川臨海鉄道	1,606	274	1,332	6,136	939	5,197
名古屋鉄道	3	0	3	1	0	1
大井川鐵道	2	0	2	29	0	29
三岐鉄道	1,029	0	1,029	23,766	0	23,766
西濃鉄道	543	0	543	706	0	706
名古屋臨海鉄道	1,235	625	610	13,199	6,687	6,512
衣浦臨海鉄道	257	38	219	1,923	130	1,793
水島臨海鉄道	326	326	0	4,176	4,176	0
合計	39,123	21,273	17,850	18,217,131	16,837,885	1,379,246

る岩手開発鉄道と黒部峡谷鉄道、秩父鉄道を除いては、ＪＲ貨物が行う貨物輸送の一部を部分的に担っているに過ぎない。そこで本書では、国鉄時代を含むＪＲ貨物の貨物列車と貨物輸送を中心に説明を進めることとする。

なお、ＪＲ貨物と民鉄との間の直通輸送は明治時代から行われており、連絡運輸（元の連帯運輸）と呼ばれている。

貨物列車はどこで見られるか

貨物列車はＪＲの主要幹線で見られるとしたが、国鉄末期からの貨物輸送の効率化により、貨物列車の運転区間は貨物輸送量が見込まれる線区に限られている。時刻表で本線と記されている主要幹線でも、北海道や九州を中心に貨物列車が走っていない路線が多くなっている。

武蔵野丘陵を駆け抜ける貨物列車。都心を迂回することでスムーズな旅客輸送にも貢献している　写真：植松昌

一方、都市部でも貨物列車を見るのは意外に難しい。貨物鉄道輸送では、貨車やコンテナに貨物を積み卸ししたり、コンテナをコンテナ車に載せたりする場所が必要で、コンテナ車などの貨車を入れ換えて貨物列車に組成する（仕立てる）ため、たくさんの線路を用意しなければならない。このように貨物取扱駅は広い場所が必要であり、また駅へのトラックの出入りも多い。そのため、貨物取扱駅は旅客駅そばの一等地から、少し離れた幹線道路沿いの場所へと移っていった。

また貨物列車のほとんどは、機関車が重さのある長い編成を牽引するため、都市部を走る旅客電車に比べ駅発着時の加減速に時間がかかる。そこで大都市近郊ではスムーズな旅客輸送を行うため旅客線に並行して貨物線を増設したり、武蔵野線のように中心部を迂回する路線を建設したりして旅客輸送と貨物輸送を分ける客貨分離を進めている。

そのため、大都市圏の多くのターミナル駅では貨物列車を目にすることができなくなってしまった。今でも貨物列車が見られるおもなターミナル駅は大宮や名古屋、新大阪、広島などに限られている。

新大阪駅のホーム脇の貨物線を貨物列車が通過してゆく。貨物列車を見にくる小さな子供連れの姿もよく目にする　写真：植松昌

1-05

貨物鉄道輸送の輸送方法とおもな積荷

2種類ある貨物鉄道輸送方法

貨物鉄道輸送は、輸送方法で大きく2種類に分けられる。一つは貨物鉄道輸送が始まった明治時代から続く、貨車を1両単位で輸送する車《しゃ》扱《あつかい》輸送、もう一つは1959（昭和34）年から開始されたコンテナを1個単位で輸送するコンテナ輸送である。それぞれの方法での貨物列車は、車扱列車、コンテナ列車と呼ばれている。

かつては、さまざまな種類の貨車を連ねた車扱列車が数多く走っていたが、現在はコンテナ車を使用したコンテナ列車が大半を占めている。車扱輸送が活発だった1980年代前半（昭和55～59年）までは、コンテナ列車とは別に、車扱列車のなかにコンテナ車が連結されている姿もよく見られたが、現在では限られた列車で例外的に行われているに過ぎない。

編成中にコンテナ車が連結されている車扱列車。車扱輸送が盛んだったころには当たり前の光景であった　写真：植松昌

貨物列車が輸送するおもな積荷

車扱列車、コンテナ列車はおもにどのような貨物を輸送しているのであろうか。それぞれの列車が輸送している品目（積荷）を見てみると、大きな違いがある。

車扱輸送はガソリンなどの石油が全体の3分の2を占めているが、セメントや石灰石といった素材も多く輸送されている。

コンテナ車とタンク車が併結されている4074レ。現在ではコンテナ輸送と車扱輸送を組みあわせた列車は数少ない　写真：植松昌

品目別輸送量内訳

参考：ＪＲ貨物ホームページ

コンテナ輸送量の品目別内訳
（2022年度）

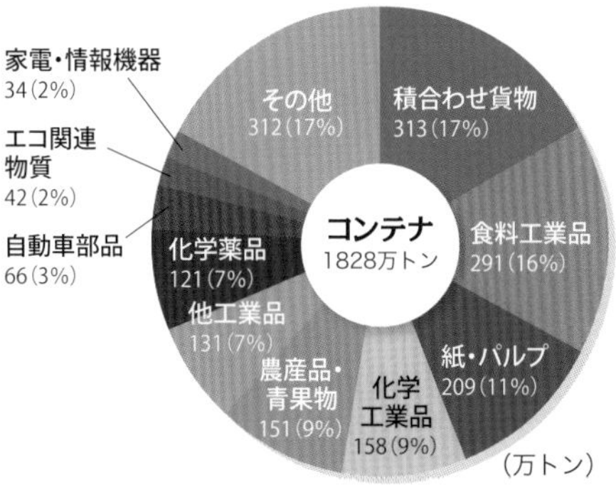

車扱輸送量の品目別内訳
（2022年度）

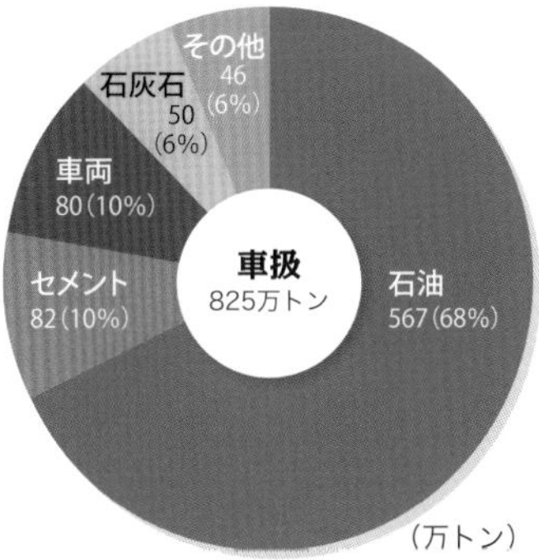

また、鉄道車両メーカーで製作された車両を各鉄道会社まで輸送するのは甲種鉄道車両輸送と呼ばれ、車扱輸送に含まれる。ほかにも、新幹線と在来線のレール輸送や、変圧器など大きくて重いため専用の大物車で運ぶ潤大《かつだい》貨物と呼ばれるものも車扱貨物で輸送される。

一方、コンテナ輸送は宅配便などの積合わせ貨物や食料品、紙、農産品などの身近なものから、化学工業品や化学薬品、自動車部品などの工業品まで幅広い積荷を輸送している。変わったところでは、家庭ごみや粗大ごみ、ごみや産業廃棄物を焼却した焼却灰、シュレッダーダストなどのエコ関連物資も輸送しており、ＪＲ貨物では静脈《じょうみゃく》物流輸送として力を入れている。

その昔、国鉄時代は馬や牛、豚、鶏に生きた魚（活魚）なども輸送していた。しかし現在ではこれらを輸送する特殊構造の貨車やコンテナがないため、事実上、輸送することはできない。

30年近くにわたり、川崎市北西部から臨海部のごみ処理センターに、家庭ごみや粗大ごみを輸送する「クリーンかわさき号」　写真：植松昌

貨物列車の変わり種

貨物列車は行先が同一方面の貨車（コンテナ車を含む）を連ねて編成し、それを機関車が牽引するのがほとんどだが、最高速度130km/hのスーパーレールカーゴはコンテナを電車に載せて走る貨物電車となっている。また、ＪＲ旅客会社で導入が進んでいる事業用のレール輸送用気動車は貨物気動車の形態を取っている。

1-06

貨物列車の列車種別と列車番号

貨物列車の列車種別と高速貨物列車

ＪＲ貨物では、貨物列車を高速貨物列車と専用貨物列車の二つの列車種別に大別している。

高速貨物列車は最高速度が85km/h以上の貨車で編成された貨物列車で、最高速度が130・110・100km/hの（A)、95km/hの（B)、85km/hの（C）の3種類に分けられている。すべてのコンテナ列車（最高速度75km/hの列車も含む）と、高速走行に適した貨車を連ねた石油列車やレール輸送列車が高速貨物列車となる。

1960年代（昭和35～44年)、道路整備や高速道路の開通で中長距離トラックによる貨物自動車輸送が大幅に増え、鉄道輸送もスピードアップが急務とされた。従来は65km/hであった一般貨車の最高速度を75km/hに引き上げるとともに、速達性が求められる積荷を輸送する貨車の開発も進められた。コンテナを輸送するコンテナ車は85km/h以上の貨車が数多く新製され、特別急行貨物列車や急行貨物列車として使用された。1978（昭和53）年10月のダイヤ改正で最高速度85km/h以上の貨物列車は高速貨物列車に一本化され、現在まで続いている。

専用貨物列車とは

専用貨物列車は1968（昭和43）年10月のダイヤ改正（「よん・さん・とお」）で誕生した列車種別である。石油やセメ

列車種別と列車番号

列車種別	最高速度	列車番号		
		千の位	百の位	十・一の位
高速貨物列車（A)	130km/h 110km/h 100km/h	無し、1～5（定期列車） 6、7（期日指定列車） 8、9（臨時列車）	なし・0	50～69
高速貨物列車（B)	95km/h	無し、1～5（定期列車） 6、7（期日指定列車） 8、9（臨時列車）	なし・0	70～99
高速貨物列車（C)	85km/h (75km/h)	無し、1（定期列車） 6、7（期日指定列車） 8、9（臨時列車）	1～9	50～59
専用貨物列車（A)	75km/h	無し、1、3～5（定期列車） 6、7（期日指定列車） 8、9（臨時列車）	1～9	60～89
専用貨物列車（B)	65km/h	無し、1、3～5（定期列車） 6、7（期日指定列車） 8、9（臨時列車）	1～9	90～99

東北本線を走る最高速度100km/hの高速貨物列車（A）。速達列車だけあって積載もよい
写真：渡辺圭介

ントなど定型的に大量輸送する積荷については、それに適合した貨車（物資別適合貨車）を開発し、取卸しや貯蔵設備を備えた貨物取扱駅まで専用の貨物列車を運転して輸送の最適化を図ることにした。この輸送方法は物資別適合輸送と呼ばれ、それを推進するため列車種別のなかに専用貨物列車が設けられた。

専用貨物列車は本来、物資別適合輸送のための列車であるが、車扱輸送のコンテナ化と、国鉄の貨物輸送方式が貨車集結輸送方式から拠点間直行輸送方式に転換したことにより、高速貨物列車を除いた列車は専用貨物列車に統合された。そのため、コンテナ列車を除く最高速度75km/h以下の貨物列車はすべて専用貨物列車となり、最高速度75km/hの（A）と65km/hの（B）に分けられている。

列車番号でわかる列車種別と最高速度

貨物列車は列車番号で列車種別と最高速度を知ることができる。定期列車は千の位が無し、もしくは1～5、季節ごとに運転日を設定する期日指定列車は6と7、その都度運転日や時刻を決める臨時列車は8と9となっている。同様に、百の位以下もそれぞれ意味がある。また、下り列車は奇数、上り列車は偶数とされている。そして仙台～大阪間の列車のように東京を通り抜ける列車は新鶴見信号所などで、新潟～福岡間の列車のように日本海縦貫線と山陽本線を結ぶ列車は吹田貨物ターミナルで列車番号が偶数から奇数に変更される。このように、列車番号が分かれば、その貨物列車のおおよその内容を知ることができるのである。

かつては全国各地で見られたセメント列車も、現在では四日市地区だけになってしまった　写真：西　光

仙台と大阪を結ぶ西濃運輸の「カンガルーライナー」は新鶴見信号所で列車番号が変わる列車である
写真：西　光

1-07

貨物列車の時刻表と列車ダイヤ

貨物列車の時刻表

旅客列車の時刻表は広く知られているが、貨物列車にも時刻表がある。おもに毎年3月に行われるＪＲグループのダイヤ改正にあわせ鉄道貨物協会が発行している『貨物時刻表』がそれである。国鉄時代は貨物局が業務用と大口荷主向けに時刻表を作成・配布していたが、1978（昭和53）年からは一般にも販売されるようになり、今では一部書店でも購入できる。

旅客列車の時刻表と同様、線区別に貨物列車の停車駅や時刻が載っているほか、各臨海鉄道と秩父鉄道、三岐鉄道の列車についても時刻が掲載されている。さらに貨物鉄道輸送に関するさまざまな事柄が簡潔に説明されており、今でも荷主への便が図られている。

さらにＪＲ貨物が所有する機関車の配置表や運用表なども掲載されていて、貨物鉄道ファン必携の一冊である。

貨物時刻表の列車の並び

初めて貨物時刻表を見ると、各線区別の列車の並びが時間順になっていないことに気が付く。

旅客時刻表では起点となる駅の始発からおおむね時間順に並んでいるため、どの時間に駅に行けばどの列車に乗れるかが一目でわかる。これに対し、貨物時刻表は列車種別ごとに列車番号順に並んでいる。荷主にとっては、どの速さ（列車種別）で、どの駅まで、どの時間帯に運ぶかによって列車（列車番号）が決まってくるので、列車種別ごとの方が見つけやすい。また貨物列車は、途中駅で貨車をつなぎ替えたりコンテナを載せ替えた

石油列車は夜も走っている。人知れず生活物資を運ぶ貨物列車は、縁の下の力持ちと言えよう　写真:平出圭

夜間は貨物列車の天下となる。夜を徹して走る貨物列車の数も多い　写真;西　光

りするため一定時間停車することがあり、時間順に並べようとしても、途中から並びが前後してしまい、かえって分かりにくくなってしまうためである。

貨物列車は夜走る

　また貨物時刻表を見ると、夜中に運転されている貨物列車が多いことに気が付く。昼間は旅客列車が多く走っているため貨物列車を走らせにくいこともあるが、荷主からすると、昼間に準備した貨物を夕刻までに駅に持ち込み、目的の駅に翌朝到着して配送するのが理想的な姿である。輸送距離が500〜600km程度の東京〜大阪間や大阪〜福岡間は、ちょうど理想的な輸送となる。さらに長距離の東京〜福岡間、東京〜札幌間などは18時間程度の時間がかかるが、それでも東京を夜発車、早朝到着となる列車が数多く設定されている。東海道本線では夜間、上り下りそれぞれ1時間に貨物列車が10本近く走っているような時間帯もあり、貨物列車のラッシュアワーとなっている。

東海道本線 下りの線区別時刻表

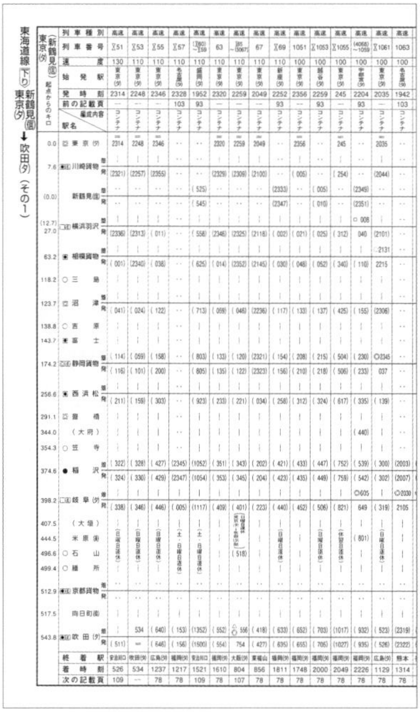

東海道線（下り）新鶴見(信)・東京(タ)→吹田(タ)（その1）

起点からのキロ	駅名		1	2	3	4	5	6	7	8	9	10	11	12	13	14	15
	列車種別		高速	高速	高速	高速	高速	高速	高速	高速	高速	高速	高速	高速	高速	高速	高速
	列車番号		⧗51	⧗53	⧗55	⧗57	(⧗60)～⧗59	63	(85)～(5067)	67	⧗69	1051	⧗1053	⧗1055	(4068)～1059	⧗1061	1063
	速度		130	110	110	110	110	110	110	110	110	100	100	100	100	100	100
	始発駅		東京(タ)	東京(タ)	東京(タ)	名古屋(タ)	盛岡(タ)	東京(タ)	東京(タ)	東京(タ)	新座(タ)	東京(タ)	越谷(タ)	東京(タ)	宇都宮(タ)	東京(タ)	名古屋(タ)
	発時刻		2314	2248	2346	2328	1952	2320	2259	2049	2252	2356	2259	245	2204	2035	1942
	前の記載頁		—	—	—	103	93	—	—	—	93	—	93	—	93	—	103
	編成内容		コンテナ	コンテナ	コンテナ	コンテナ	コンテナ	コンテナ	コンテナ	コンテナ	コンテナ	コンテナ	コンテナ	コンテナ	コンテナ	コンテナ	コンテナ
0.0	東京(タ)		2314	2248	2346	‥	‥	2320	2259	2049	‥	2356	‥	245	‥	2035	‥
7.6	川崎貨物	着	｜	｜	｜	‥	‥	｜	｜	｜	‥	｜	‥	｜	‥	｜	‥
		発	(2321)	(2257)	(2355)	‥	‥	(2329)	(2309)	(2100)	‥	(005)	‥	(254)	‥	(2044)	‥
(0.0)	新鶴見(信)	着	‥	‥	‥	‥	(525)	‥	‥	‥	(2333)	‥	(005)	‥	(2349)	‥	‥
		発	‥	‥	‥	‥	(545)	‥	‥	‥	(2347)	‥	(010)	‥	(2351)	‥	‥
(12.7) 27.0	横浜羽沢	着	｜	｜	｜	‥	｜	｜	｜	｜	｜	｜	｜	｜	□008	｜	‥
		発	(2336)	(2313)	(011)	‥	(558)	(2346)	(2325)	(2118)	(002)	(021)	(025)	(312)	040	(2101)	‥
63.2	相模貨物	着	｜	｜	｜	‥	｜	｜	｜	｜	｜	｜	｜	｜	｜	□2131	‥
		発	(001)	(2340)	(038)	‥	(625)	(014)	(2352)	(2145)	(030)	(048)	(052)	(340)	(110)	2215	‥
118.2	三島		｜	｜	｜	‥	｜	｜	｜	｜	｜	｜	｜	｜	｜	｜	‥
123.7	沼津	着	｜	｜	｜	‥	｜	｜	｜	｜	｜	｜	｜	｜	｜	｜	‥
		発	(041)	(024)	(122)	‥	(713)	(059)	(046)	(2236)	(117)	(133)	(137)	(425)	(155)	(2306)	‥
138.8	吉原		｜	｜	｜	‥	｜	｜	｜	｜	｜	｜	｜	｜	｜	｜	‥
143.7	富士		｜	｜	｜	‥	｜	｜	｜	｜	｜	｜	｜	｜	｜	｜	‥
174.2	静岡貨物	着	(114)	(059)	(158)	‥	(803)	(133)	(120)	(2321)	(154)	(208)	(215)	(504)	(230)	◎2345	‥
		発	(116)	(101)	(200)	‥	(805)	(135)	(122)	(2323)	(156)	(210)	(218)	(506)	(233)	037	‥
256.6	西浜松	着	｜	｜	｜	‥	｜	｜	｜	｜	｜	｜	｜	｜	｜	｜	‥
		発	(211)	(159)	(303)	‥	(923)	(233)	(221)	(034)	(258)	(312)	(324)	(617)	(335)	(139)	‥
291.1	豊橋		｜	｜	｜	‥	｜	｜	｜	｜	｜	｜	｜	｜	｜	｜	‥
344.0	(大府)		｜	｜	｜	‥	｜	｜	｜	｜	｜	｜	｜	｜	(440)	｜	‥
354.3	笠寺		｜	｜	｜	‥	｜	｜	｜	｜	｜	｜	｜	｜	｜	｜	‥
374.6	稲沢	着	(322)	(328)	(427)	(2345)	(1052)	(351)	(343)	(202)	(421)	(433)	(447)	(752)	(539)	(300)	(2003)
		発	(324)	(330)	(429)	(2347)	(1054)	(353)	(345)	(204)	(423)	(435)	(449)	(759)	(542)	(302)	(2007)
398.2	岐阜(タ)	着	｜	｜	｜	｜	｜	｜	｜	｜	｜	｜	｜	｜	◎605	｜	◎2030
		発	(338)	(346)	(446)	(005)	(1117)	(409)	(401)	(223)	(440)	(452)	(506)	(821)	649	(319)	2105
407.5	(大垣)		｜	｜	｜	｜	｜	｜	｜	｜	｜	｜	｜	｜	｜	｜	｜
444.5	米原(信)		(日曜日運休)	(日曜日運休)	(日曜日運休)	(土・日曜日運休)	(土・日曜日運休)	｜	(日曜日運休 [illegible])	｜	(日曜日運休)	｜	(日曜日運休)	(休翌日運休)	(801)	(日曜日運休)	｜
496.6	石山		｜	｜	｜	｜	｜	｜	(518)	｜	｜	｜	｜	｜	｜	｜	｜
499.4	膳所		｜	｜	｜	｜	｜	｜	｜	｜	｜	｜	｜	｜	｜	｜	｜
512.9	京都貨物	着	‥	‥	‥	‥	‥	‥	‥	‥	‥	‥	‥	‥	‥	‥	‥
		発	‥	‥	‥	‥	‥	‥	‥	‥	‥	‥	‥	‥	‥	‥	‥
517.5	向日町(信)		｜	｜	｜	｜	｜	｜	｜	｜	｜	｜	｜	｜	｜	｜	｜
543.8	吹田(タ)	着	｜	534	(640)	(153)	(1352)	(552)	△◎556	(418)	(633)	(652)	(703)	(1017)	(932)	(523)	(2319)
		発	(511)	=	(646)	(156)	(1500)	(554)	754	(427)	(635)	(655)	(705)	(1027)	(935)	(526)	(2322)
	終着駅		安治川口	吹田(タ)	広島(タ)	福岡(タ)	安治川口	福岡(タ)	大阪(タ)	東福山	福岡(タ)	福岡(タ)	福岡(タ)	福岡(タ)	福岡(タ)	広島(タ)	熊本
	着時刻		526	534	1237	1217	1521	1610	804	856	1811	1748	2000	2049	2226	1129	1314
	次の記載頁		109	—	78	78	109	78	107	78	78	78	78	78	78	78	78

出典:『2023貨物時刻表』

深夜の東海道本線の貨物列車ダイヤ

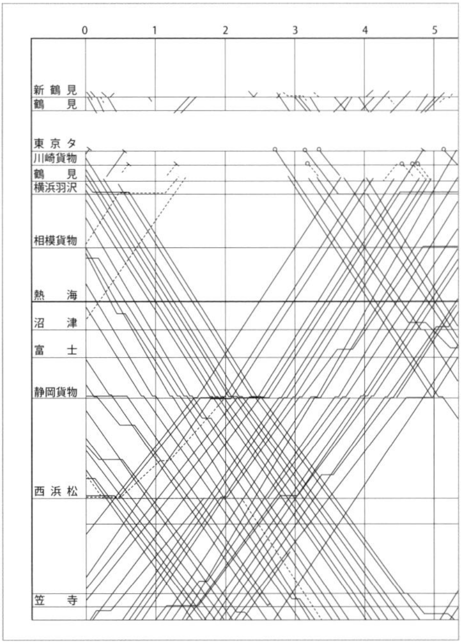

参考:『2022貨物時刻表』
貨物列車運行図表(ダイヤグラム)

1-08

少量のモノを運ぶ荷物輸送と小口貨物輸送

少量のモノを運ぶ輸送制度

貨物鉄道輸送は本来、荷主が貨車1両もしくはコンテナ1個を単位として輸送するものである。ところが実際には、それより少量のモノを輸送することも多い。そのような少量輸送を担っていたのが荷物輸送と小口《こぐち》貨物輸送である。

ごく少量のモノを運ぶ荷物輸送

現在では宅配便で輸送するような個人や商店が発送する数十kg程度までのごく少量のモノの輸送は、以前は鉄道による荷物輸送がおもな輸送手段だった。

荷物輸送は手小荷物《てこにもつ》輸送とも呼ばれ、鉄道創業時から行われていた。旅行する乗客が列車で一緒に送る大きな重い荷物を手荷物（チッキ）、駅に荷物を持ち込み、列車には乗らずに荷物だけを全国各地の駅まで送るのを小荷物といい、旅客列車に連結された荷物車もしくは荷物列車で輸送された。なお郵便物も専用の郵便車により旅客列車や荷物列車に併結され輸送されていた。

鉄道による荷物輸送は基本的に荷物を駅まで持ち込んだり引き取ったりしなければならず、自宅で発送と受取りができる宅配便サービスが普及すると国鉄の荷物輸送は競争力を失い、一部新聞輸送などを除き1986（昭和61）年に廃止された。郵便物も自動車輸送が主体となり、今では鉄道輸送される郵便物はコンテナ

日中、東海道本線を下ってゆく荷物列車。荷物列車は旅客時刻表にも掲載され、なじみ深いものであった
写真：植松昌

輸送となっている。

少量のモノを運ぶ小口貨物輸送

　荷物輸送とするには量が多いが、貨車やコンテナを貸し切るには量が少ないモノを輸送するのに用いられたのが小口貨物輸送である。小口貨物輸送には、国鉄が引受けから輸送、引渡しまですべての責任を持つ小《こ》口《ぐち》扱《あつかい》貨物と、通運事業者（現在の鉄道利用運送事業者）が多くの荷主から積荷を引き受け、それを貨車1両やコンテナ1個単位に取りまとめて輸送し、それぞれの送り先に引き渡す小口《こぐち》混載《こんさい》貨物があった。

　小口扱貨物も実際の集荷や配送は通運事業者に委託しており、小口混載貨物と事実上は変わりがない制度であった。小口扱貨物は輸送距離が短い積荷が多く、手間がかかる割には運賃収入が少ない不採算な制度であった。

　東名高速道路の全線開通などでトラック輸送が急増すると、小口扱貨物の輸送

黄柑色の帯と「急行便」の文字が標記されたワキ1000形とワム90000形で編成された小口急送貨物列車をEF15形が牽く　写真：鈴木靖人

量は減少していった。これを解消するため1974（昭和49）年、荷貨一元化が行われ、小口扱貨物は荷物輸送に統合された。

　一方、小口混載貨物は貨車を使用する車扱輸送からコンテナを使用するコンテナ輸送への移行が進められた。コンテナ輸送ではトラック運送事業者による特積《とくづ》み（特別積合わせ貨物輸送）や宅配便を輸送することも認められており、小口混載貨物は特積みや宅配便に形を変え、コンテナ輸送されている。

年末の小荷物を取り扱う1970年の隅田川駅小荷物ホーム。ホーム奥まで小荷物であふれかえっている光景は壮観だ　所蔵：物流博物館

コンテナ車の先頭に小口混載貨物輸送用のワキ10000形が2両連結され汐留駅に向かう混載列車　所蔵：植松昌

コラム
column

私有貨車と私有コンテナ

貨物鉄道輸送では原則として各鉄道会社が自ら貨車やコンテナを用意し、荷主の貨物を輸送する。

しかし特殊な貨物は荷主も限られ、このような輸送のために鉄道会社が貨車を用意するのは不経済なため、所有者（荷主や運送会社）が貨車を用意し鉄道会社に車籍を編入し、所有者専用の貨車として使用するのが私有貨車である。

車籍編入とは、鉄道会社所有の車両に準ずる取扱いを受けるため所有者が鉄道会社に届け出るもので、構造などが車両規程や関連法令に適合していなくてはならない。

わが国では1899（明治32）年に浅野石油部（ENEOSの前身の一つ）がアメリカからの輸入石油を輸送するため、タンク車を横浜～名古屋間で運行したのが最初とされている。当初は取扱いが明らかではなかったが、のちに私有貨車取扱制度として整備された。

一方、私有コンテナはコンテナの利用拡大と荷主の定着化をはかるため1970（昭和45）年に私有貨車に準じた私有コンテナ制度が設けられた。当初は長さ20ft（フィート）の10トン有蓋《ゆうがい》コンテナや冷凍コンテナ、タンクコンテナやホッパコンテナなどの特殊コンテナを対象としていたが、現在では各種コンテナに広がっている。

わが国で最初の私有貨車の1両であったと考えられる浅野石油部 ア貳拾　出典:『日車の車輌史』

1970年に登場した最初の私有コンテナである日本通運所有の10トンコンテナUC5-26　所蔵:植松昌

第2章

貨物列車のしくみ

所蔵：物流博物館

2-01

車扱列車による車扱輸送

貨車を1両単位で輸送する車扱列車

1873（明治6）年の貨物鉄道輸送開始時から貨車1両を貸し切って輸送する車扱輸送方式は存在し、1940（昭和15）年までは貸切扱《かしきりあつかい》と呼ばれていた。

車扱列車は元々、さまざまな車扱（貸切扱）輸送の貨車と小口貨物輸送の貨車を連結して輸送する列車であった。

ところが国鉄末期の貨物輸送の拠点間直行輸送方式への転換と、車扱輸送貨物のコンテナ化により、車扱輸送は特定の積荷を定型的に大量輸送する物資別適合輸送が多くを占めるようになった。そのため、甲種鉄道車両輸送やレール輸送、濶大貨物輸送などを除き、車扱輸送は専用貨物列車と同義になっている。

旧来の車扱輸送のしくみ

旧来の車扱輸送では、貨物を送る荷主が通運事業者（鉄道利用運送事業者）を通じて貨物輸送を申し込み、駅に持ち込む。駅では貨物（積荷）に応じた貨車を手配するが、場合によっては近隣から貨車を回送してもらうこともある。

貨物取扱駅に設けられた貨物ホームから通運事業者が積荷を貨車に載せるのだが、古くはベルトコンベアーなども利用しての手積み、のちには積荷を木製パレットなどに載せ、小型のフォークリフトでパレットごと貨車に積み込む方法が主流となった。また、大きな工場や倉庫などには駅からその会社専用の線路（専用線）が敷かれ、工場内の貨物ホームを使って積み込む作業が行われることもあった。

積込みが終わるとブリキまたはプラスチック製の輪形の封印環で封印され、目的の駅名や積荷の内容などが記された車票が差し込まれる。機関車による入換作

昔日の車扱列車はさまざまな貨車がランダムに連なっており、その編成内容は一期一会であった
写真：植松昌

業で貨物列車に連結され、操車場などを経て目的の駅へと向かう。

目的の駅に到着した貨車は、通運事業者が封印を切って積荷を貨車から取り卸し、納入先へと運んで行く。

現在の車扱輸送のしくみ

現在の車扱輸送の多くは物資別適合輸送となっており、いささか異なる。

工場内や駅構内に設けられた石油や石灰石など専用の積込装置からタンク車やホッパ車にそのまま積み込む、バラ積み方式となっている。

貨物を積んだ貨車は、専用線や駅構内の側線（引込線）から入換機関車で出発線に牽き出されるが、専用列車であるため編成内容は決まっており、貨車の入換えはほとんど必要としない。列車牽引用の機関車を連結し、貨物列車として出発して行く。

ほとんどの列車は、途中で貨物の積卸しや貨車の入換などは行わず、目的の駅までそのまま走る直行列車である。

目的の駅に到着すると入換機関車につなぎ替え、到着線から石油タンクなどの貯蔵設備のある専用線や側線に動かされ、荷卸装置を使って貨車から取り卸される。

空となった貨車は、出発地に戻す必要があるため、返空《へんくう》の専用列車にて戻されて行く。

トラックで運ばれた米俵を通運作業員が肩に担いで貨車に積み込む　所蔵：物流博物館

ブリキ製の封印環を有蓋車の引戸錠に通して封印し、積荷を盗難から防止する　所蔵：物流博物館

現在の車扱列車はほとんどが専用列車であり、編成としては綺麗であるが内容はほぼ決まっている
写真：渡辺圭介

2-02

コンテナ列車によるコンテナ輸送

コンテナ1個が単位のコンテナ輸送

　コンテナ輸送の歴史は戦前の試験的なものまでさかのぼれるが、本格的な輸送は1955（昭和30）年の2.5トン積コンテナによる試験輸送が最初である。急増するトラック輸送に対抗し荷役作業の近代化を目指したものだが、商慣行における取引単位と、駅と荷主の間を結ぶトラック輸送の積載重量の関係から、1959（昭和34）年以降は5トン積コンテナ（5トンコンテナ）を中心に展開することになった。これは世界標準の10トン積とは大きく異なる日本独自のものである。車扱輸送は15トン積が標準で、少なくとも10トン積であるのと比べると、コンテナ輸送は少量貨物を手軽に輸送できるものと言えよう。

コンテナ輸送のしくみ

　コンテナ輸送では、荷主が通運事業者にコンテナ輸送を申し込むと、目的の駅まで輸送するコンテナ列車のルートと日時を決め、旅客列車における指定席の予約に相当する輸送枠を確保する。

　それと並行して積荷に応じたコンテナを用意し、集配トラックで荷主の元へ集荷に向かう。コンテナに積荷を積み込み、封印環で封印した後、コンテナを駅へ持ち込み、指定された場所にフォークリフトやトップリフターで留置する。このほか、トラックで駅に直接積荷を持ち込み、積替ステーションと呼ばれる作業エリアでコンテナに積み込む場合もある。

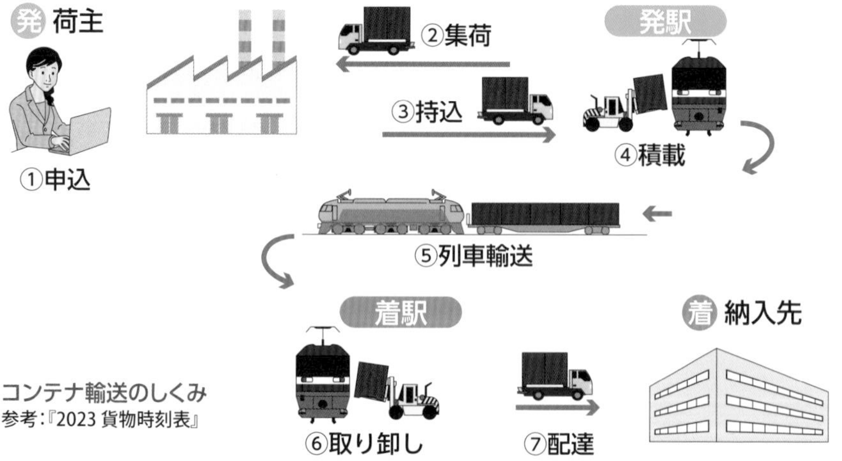

コンテナ輸送のしくみ
参考：『2023 貨物時刻表』

積替ステーション
参考:『2023 貨物時刻表』

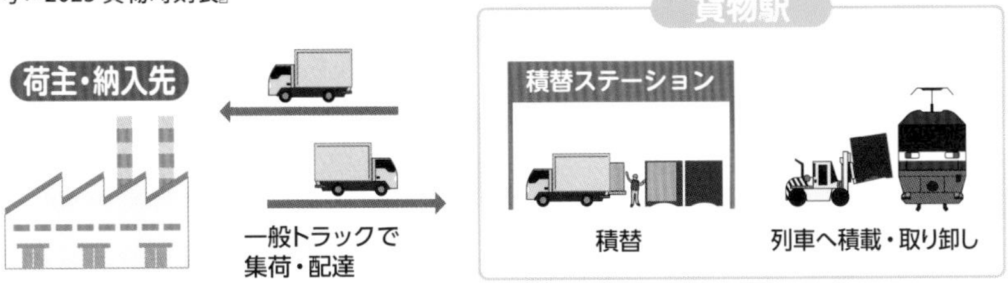

予約した列車がコンテナの積込作業をするコンテナホームに着くと、留置してあったコンテナをフォークリフトなどでコンテナ車に載せる。すでに列車がコンテナホームに入っている場合には、集配トラックから直接、コンテナ車に載せられることもある。コンテナ列車は列車ごとに編成内容が決まっており、コンテナの着駅に応じたコンテナ車に載せられる。積載が終わると、コンテナが正しく積載されているか確認する積付《つみつけ》検査が行われ準備が整う。

コンテナ列車は出発線から機関車に牽引され発車するが、あらかじめ定められた貨物取扱駅に停車し、コンテナの積卸しを行う。また、一部のコンテナ車を切り離したり、増結したりする場合もある。車扱列車と異なり、コンテナ列車は途中駅でのコンテナの入れ替わりがあり、昔日の車扱列車のような意味合いと役割を持っている。

目的の駅に到着したコンテナはフォークリフトなどでコンテナ車から卸され、通運事業者の集配トラックに載せられ納入先へと向かうが、一時的にコンテナホームに留め置かれる場合もある。

納入先で積荷を取り卸した空のコンテナは駅に戻されるが、タンクコンテナなどの私有コンテナは荷主のもとに返空回送される。

大型コンテナはトップリフターがコンテナ上部四隅にある隅金具をつかんで積卸しする　写真:平野玲音

2-03

貨物取扱駅とコンテナ取扱所

貨物取扱駅の役割

貨物取扱駅は貨物鉄道輸送の基盤となるもので、貨物列車が発着して荷主の貨物を受け入れたり引き渡したりするのみならず、荷主との間で集配を行うトラック輸送や専用線との接点であり、貨物鉄道輸送の営業拠点でもある。

貨物取扱駅には東京貨物ターミナルのように旅客駅と離れた場所に貨物専用駅として開業した駅もあれば、四日市のように明治時代から旅客輸送とともに貨物輸送を取り扱い、現在もそのまま両方取り扱う一般駅と呼ばれる駅もある。

貨物取扱駅の設備と線路配置

貨物取扱駅には積荷を貨車に、コンテナをコンテナ車に積卸しする貨物ホームやコンテナホームが設けられており、積荷やコンテナを一時的に置く場所やトラックに載せ替える貨物積卸場、出入りするトラックの一時待機場などもある。また、古くはベルトコンベアーやパレット荷役用のフォークリフト、重量品積卸し用のクレーンなども備えられていた。コンテナ輸送中心の現在では、長さ20ft、

常磐線南千住駅に隣接する貨物専用の隅田川駅。1983年当時は広い構内で車扱とコンテナの両方を取り扱っていた　写真：長門克巳

総重量15トンまでのコンテナを荷役するためのフォークリフトや、それ以上の長さ、重量のコンテナを上方でつかみ吊り上げるトップリフターなどが配備されている。

　また、貨物取扱駅の特徴の一つとして線路配置がある。貨物列車が出発・到着する出発・到着線（着発線）と、荷役を行う荷役線、荷役が終了した貨車の編成を一時的に置いておく留置線（仕訳線）に大きく分けられている。旅客の乗降に比べ貨物を荷役するには多くの時間が必要となるため、貨物取扱駅には多くの荷役線が用意されているが、一般的に電化されていない。これは荷役作業において、架線があるとフォークリフトの上げ下げなど作業がしにくくなるからである。

貨物取扱駅以外のコンテナ取扱所

　貨物取扱駅以外にもコンテナ貨物を取扱う場所にORS（オフレールステーション）と営業所、新営業所がある。ORSは最寄りの貨物取扱駅までＪＲ貨物がトラックを使って輸送するもので、元は取扱量が少ないコンテナ貨物取扱駅であり、運賃はその駅から鉄道輸送した場合で算出される。

　営業所は大都市のトラックターミナルに隣接して設置されたもので、コンテナ営業所から貨物取扱駅までの費用が運賃に加算される。

　また、最近はORSの見直しが行われており、廃止または新営業所に変更されている。新営業所では運営経費が利用料として運賃に加算される。

　これらのコンテナ取扱所が開設できるのも、貨車と異なり線路がなくとも輸送できるコンテナ輸送ならではであろう。

パレットにうず高く積まれた袋詰めのグラニュ―糖を、フォークリフトでパレットごと積み込む効率的なパレット荷役　所蔵：物流博物館

ベルトコンベアーを使い、積荷の米袋を次々と貨車に運ぶ。人力頼りとは大きく異なる
所蔵：物流博物館

山形県内陸部のコンテナ取扱拠点である山形ORSの入口。仙台貨物ターミナルまでトラック便が一日4往復している　写真：平野玲音

2-04

貨車集結輸送方式による貨物列車

貨車集結輸送方式とは

国鉄時代の貨物列車というと、さまざまな種類の貨車を連ねた車扱列車を思い浮かべるであろう。貨車の入換と列車の組成を行う操車場に、発着駅がそれぞれ異なる車扱輸送と小口貨物輸送の貨車を車扱列車で集め、貨車をそれぞれの方面別に仕訳し、同方向の貨車をまとめて貨物列車に仕立てて次の操車場へと輸送するのが貨車集結輸送方式である。

貨車集結輸送方式の始まりと隆盛

貨物鉄道輸送の開始からしばらくの間、貨物列車は比較的短い距離を結ぶ区間列車が中心で、途中の駅で連結した行先の異なる貨車を主要駅で入れ換えし、編成を再組み立てしながら運転していた。しかし鉄道国有化により鉄道網が全国に広がり輸送量が増加すると、主要駅での入換は複雑化していった。

そこで1910（明治43）年、輸送量の多い東海道・山陽本線の中長距離を結ぶ直通列車において、同一区間または同一方面の貨車を列車ごとに集約し輸送する貨車集結輸送方式が試行された。これにより、途中駅での入換作業や貨車中継回数が減少するなどの効果が確認された。

また当時は貨車の入換や組成を旅客と一緒の一般駅構内で行っていたが、旅客、貨物とも鉄道による輸送量が増加してきたため、都市部では旅客と貨物を分離することになった。

1913（大正2）年、京都駅西側の梅小

かつては東海道本線の貨物列車の花形牽引機であったEH10形も、晩年は集配（解放・連結）列車に使用されることが多かった　写真：植松昌

路に最初の操車場が開設され、その後、田端や品川、広島にも建設された。一方、貨物列車の輸送効率を高めるため、貨車集結輸送は東北・北陸・信越・中央・関西本線などの主要線区にも導入された。それにともない全国各地に操車場の建設が進められ、吹田、稲沢、長町、岡山、大宮、新小岩、青森など大規模な操車場が次々に開業し、貨車集結輸送方式は全国に広まっていった。北海道や常磐、筑豊の石炭列車や九州〜東京・大阪間の鮮魚列車などを除き、貨車集結輸送方式による車扱列車が貨物鉄道輸送の中心となり隆盛を極めた。

貨車集結輸送方式の衰退と終焉

貨車集結輸送方式は、発着駅が全国どのような貨物であろうとも対応できるしくみであった。しかしながら大きな操車場ごとに貨車を順番に仕訳し、貨物列車に組成し直す必要があるため操車場での貨車滞留時間が長くなり、貨車の到着日時が不確かであった。

1960年代後半（昭和40〜44年）になると中長距離のトラック輸送が普及し、貨物鉄道輸送は退潮していった。その対抗策として国鉄は、同一地域の主要貨物取扱駅と別の地域の主要貨物取扱駅を結ぶ直行輸送列車の地域間急行貨物列車を新設し、それに接続（継送《けいそう》）する列車を含め予約可能として到着予定日時を明らかにするようにした。

さらに拠点間直行輸送方式であるコンテナ輸送や物資別適合輸送を推進したこともあり、貨車集結輸送方式の車扱輸送は大幅に減少していった。そして1984（昭和59）年のダイヤ改正で、輸送方式を貨車集結輸送方式から拠点間直行輸送方式に全面的に転換し、操車場を利用した貨車集結輸送方式は終焉の時を迎えた。

EF15形が牽く普通貨物列車をながめる親子連れ。冷蔵車とホッパ車がそれぞれ1両混じっている編成なのは貨車集結輸送ならではであろう
写真：植松昌

地域間急行貨物列車の車票は黄緑色の斜め帯が入っていた。右端の縦長の表示票には指定された列車番号が記されている
出典：『貨物フォト』51号

2-05

操車場のはたらき

操車場とは

貨車集結輸送方式を行うには、操車場（ヤード）が欠かせない。操車場は車両の入換や列車を編成に仕立て組成する場所であり、機関車で車両を操ること（操車）から操車場と呼ばれた。

なお、操車場機能を有する場所は必ずしも操車場と呼ばれていたわけではなく、稲沢のように立派な操車場機能を有していても一般駅の一部とされていた所もある。このような駅は組立駅《くみたてえき》とも称していた。また、操車場のなかには貨物取扱いをしていた所もあり、貨物取扱いのない操車場（例：新鶴見操車場）に対し、操《そう》駅《えき》（例：塩浜操駅）と称していた。

貨車集結輸送における操車場での作業

操車場の到着線に着いた貨物列車は、1両ずつ切り離せるよう貨車のブレーキ管ホースが外され（分解）、編成最後部に入換機関車が連結される。

貨車を行先方面別に仕訳するため、操車場の線路は多数のポイントで仕訳線と呼ばれる扇状の線群に分かれている。貨車は編成ごと入換機関車で押され、仕訳線群の手前で先頭の貨車の連結器が外されるとともに機関車のブレーキがかけられ、勢いよく切り離される（突放《とっぽう》）。貨車は行先に応じた仕訳線へポイント操作により導かれて行くが、すでに仕訳線にある貨車にちょうどうまく連結されるよう、

操車場概念図

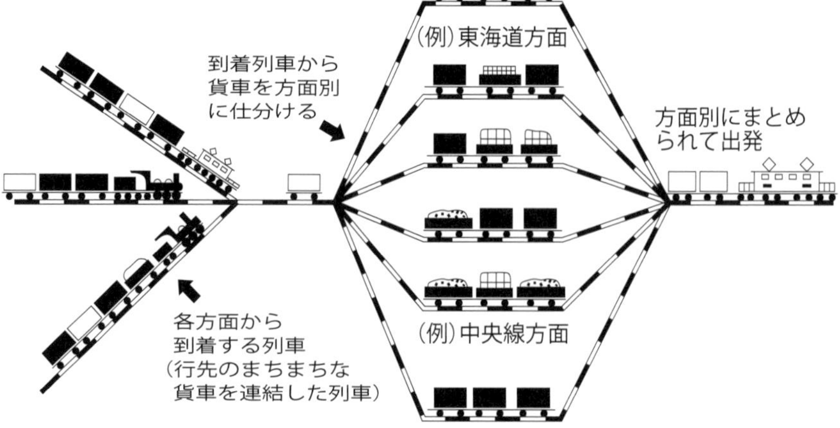

構内作業掛が貨車に飛び乗ってブレーキをかける。一方、機関車は残りの貨車を引き上げ次の突放に備える。これを繰り返してすべての貨車を仕訳する。

ところが、この方法では時間がかかるため、大きな操車場を中心にハンプ（坂阜）と呼ばれる小高い丘が設けられた。入換機関車に押された編成の貨車をハンプの頂上で切り離せば、貨車はその重量で坂を下って仕訳線へと向かうので、多数の貨車を仕訳することができた。

また構内作業掛によるブレーキ操作は人手がかかる上に危険がともない事故も多く、1950年代（昭和25～34年）に入ると、貨車の車輪を両側から挟み込んでブレーキをかけるカーリターダーが、徐々に各地の操車場に設置された。

仕訳線で行先方面別にまとめられた貨車は貨物列車の時間に応じて入換機関車で引き出され、途中駅で切り離して別方面に向かう貨車を連結したり、最後尾に車掌車を連結したりして貨物列車として組成される。組成できた貨車は出発線に据えられ、ブレーキ管ホースの接続や点

左側遠方に見えるハンプ頂上にて1両ずつ貨車が切り離され仕訳線へと下っていく　写真：掘井純一

検作業を行い貨物列車牽引用の機関車を連結し、貨物列車として出発して行く。

操車場の現在

貨車集結輸送方式では必須であった操車場だが、1984（昭和59）年の拠点間直行輸送方式への転換により操車場での作業は不要となった。

多くの操車場は廃止されたが、一部は規模を大幅に縮小した上で列車の待合わせを行う信号場（例：新鶴見信号場）となった。また、なかには大宮操車場のように操車場の名前を残している所もある。しかし、貨車の入換や組成は行っておらず、信号所との違いは判然としない。

貨車に飛び乗り、足踏み式の側ブレーキを踏みつけ速度調整する構内作業掛。速度調整後は飛び降りて次の貨車に備える　写真：掘井純一

新鶴見操車場に設置されたカーリターダ―の上を通過し減速される有蓋車。大きく減速した後で構内作業掛が速度調整を行う　写真：福原邦夫

2-06

貨物輸送を支える「通運」

貨物鉄道輸送と「通運」

貨物鉄道輸送は、駅と駅の間を列車で輸送するものだが、そのためには積荷を荷主の元から貨物取扱駅まで運び（集貨）、貨車やコンテナに積み込む必要がある。また、到着駅では積荷を取り卸し、納入先へ配送しなければならない。さらにコンテナ輸送では、空コンテナを荷主に届けたり、納入先で荷卸ししたコンテナを駅に戻したりもする。また、貨物取扱駅での輸送手続きや到着駅からの配送手配もしなければならない。これらを荷主に代わり行い、貨物取扱駅との間を取り持つのが「通運」である。貨物鉄道輸送は、通運事業者（通運会社）抜きでは成り立たない輸送であるとも言えよう。

「通運」は貨物鉄道輸送の創業時から存在し、鉄道輸送の大運送に対し付帯する業務であるため小運送《こうんそう》業と呼ばれていたが、戦後は通運業と呼ばれるようになった。現在は鉄道利用運送事業と名称が変更されてはいるが、呼びやすく、多くの会社名にも使用されている「通運」が

汐留駅構内を行き交う各通運事業者のトラック。貨物鉄道輸送が通運事業者抜きでは成り立たないのがよく分かる
所蔵：物流博物館

通運事業者はフォークリフトを各駅に備え、短時間での積卸しを行い、荷主の要望に応える
所蔵：物流博物館

よく使われている。

「通運」の始まりと変遷

1873（明治6）年に貨物鉄道輸送を開始するにあたり定められた規則でも、鉄道の行う輸送は貨物を貨車に載せ駅から駅まで運送し貨車から卸すまで、となっており、集貨や配達は含まれなかった。当時、荷主が駅まで貨物を持ち込むには荷車や荷馬車ぐらいしか方法がなく、貨物の鉄道輸送は利用しにくいものであった。そこで貨物の集貨や配達を行い、鉄道輸送に関する手続きを代行する鉄道運送取扱業、すなわち小運送業が誕生した。

貨物鉄道輸送開始時は三井組だけが取扱いを許されていたが、1875（明治8）年には内国通運（のちの国際通運）なども許可された。その後、鉄道路線の進展とともに各地に小運送業が乱立急増し、過当競争や荷主とのトラブルも発生するようになった。

そこで1937（昭和12）年に小運送業を免許許可制とする小運送業法が成立し、国際通運を改組して小運送業を統括する半官半民の日本通運が誕生した。さらに戦時体制が深まると各地の事業者を日本通運の傘下に入れ、日本通運が独占的に統制することになった。

戦後、小運送業は新たな事業者にも免許が与えられ、日本通運は民間会社に改められた。1949（昭和24）年には小運送業法に代わる通運事業法が制定され、通運業と呼ばれるようになった。

国鉄と通運事業者は共存共栄の関係にあったが、道路網が整備されると通運事業者はトラック輸送も手がけるようになり、ライバル関係にもなった。鉄道輸送量の減少もあり、通運事業者はトラック輸送により注力するようになっていった。

1989（平成元）年、通運事業法に代わり貨物運送取扱事業法が制定され、貨物鉄道に携わる通運事業者は鉄道利用運送事業者と呼ばれるようになった。自動車・鉄道・海運・航空の貨物利用運送事業は統合され免許制から認可制となった。中長距離輸送では鉄道輸送にメリットがあるため、トラック運送事業者の鉄道利用が大幅に増えることにもなっている。

各通運事業者の色とりどりのコンテナを積載したコンテナ列車。
中長距離輸送では鉄道利用が盛んになっている　写真：平出圭

2-07

貨物列車の長さと編成内容

貨物列車は新幹線よりも長い

駅などで貨物列車が通過するのを見ていると長いと感じるであろう。実際、貨物列車は旅客列車より長いことが多い。首都圏を走っている15両編成の中距離電車は在来線では最長で300mの長さがあり、新幹線は東海道・山陽新幹線の16両編成405mが最長である。それに対し貨物列車は、東海道・山陽本線のコンテナ列車は26両編成が最長で、機関車を含めると約550mにも達する。ほかの主要幹線でもおもな列車は20両編成で約430mの長さがあり新幹線よりも長い。

貨物列車の長さ制限と重量制限

貨物列車をできるだけ長くした方が効率よく輸送するには良いのだが、それにも限度がある。貨物列車が停車する貨物取扱駅の線路の長さや、途中駅で旅客列車を通過待ちする際の待避線の長さなどを考慮しなければならない。そのため、貨物列車ごとに長さ延長換算が定められている。延長換算とは車両の長さを示すもので、車長8mを1両として貨車の種類ごとに換算率を定め、さまざまな貨車からなる列車長を簡便に算出できるようにしている。延長現車数とも呼ばれる。

貨物列車は長さとは別に総重量（貨車自身の重さと積荷の重さの合計）による制限も受ける。列車速度に応じた機関車の牽引力と運転区間の線路状況（勾配区間の有無など）により、輸送できる総重量が牽引定数として定められている。貨物列車のことを1300トン列車とか1000トン列車と呼ばれることがあるが、

コンテナ車26両編成の1300トン列車は新幹線よりも長く、50本以上が運転されている　写真：平出圭

貨物列車組成並びに貨車集結方（1966年）

山手線

列車番号	運行区間	集結責任駅並びに貨車集結方 新鶴見	渋谷	新宿	池袋	大宮操	記事
571	新鶴見 大宮操	1 ヨ(A) 2 渋谷行 3 飯田町行 4 ワフ(S) 以上3、4号で現車26 5 その他	1 ヨ(A) 2 飯田町行 3 ワフ(S) 以上2、3号で現車26 4 大宮以遠行 5 その他	渋谷 2、3号—272レ継送 1 ヨ(A) 2 大宮以遠行 3 その他			
573	新鶴見 大宮操	新鶴見 1 ヨ(A) 2 大宮以遠行				大宮操	
575	新鶴見 大宮操	新鶴見 1 ワフ(S) 2 渋谷行 3 新宿駅 4 巣鴨行 5 池袋行 6 恵比寿行 7 目白行 8 大崎行 以上6、7号で現車19以内	渋谷 1 ワフ(S) 2 大宮以遠行 3 新宿行 4 巣鴨行 5 池袋行 6 目白行	新宿 269レ—大宮以遠継承 1 ワフ(S) 2 大宮以遠行 3 東札幌行小口混載車 4 巣鴨行 5 池袋行 6 大宮以遠行 7 目白行 以上3号から6号まで池袋到着の節現車25以内	池袋 1 ワフ(S) 2 大宮以遠行 3 東札幌行 小口混載車 4 巣鴨行	大宮操 池袋3号—61レ継送	㊊ 大崎から大宮操あてワフ(S)回送

一二六

所蔵：渡辺一策

高速貨物列車組成方（2008年）

高速貨B　第　3072　列車　2428 宮城野　発　4505 東京(タ)　行

連結順位	解結駅／発着時刻／現車制限／発駅	2428 宮城野	2405 郡山(タ)	4674 新座(タ)	4505 東京(タ)	記事 (95km/h)
	現車時刻	23:50	1:40 2:26	5:48 8:48	10:30	
	制限	53両(宮城野)	59両(黒磯)	70両(新鶴見)		
1	2428 宮城野	4505 東京(タ)コキ 6車				20ft
2	2428 宮城野	4674 新座(タ)コキ 2車				20ft
3	2035(01) 北沼	2072 V 4674 新座(タ)コキ 10車				20ft
4	4674 新座(タ)			4505 東京(タ)コキ 12車		20ft
5	2405 郡山(タ)		4505 東京(タ)コキ 2車			20ft
						3項は土曜日に限り発駅を宮城野とし、休日に限り発駅を八戸貨物とする
	けん引定数	100				
	現車	18	20	20		
	延長現車	45.9	51.0	51.0		
	換算	88.1	97.8	97.8		尻手経由

所蔵：渡辺一策

これは牽引定数を指しているのである。貨物列車を組成する際は、牽引定数以内にする必要があるが、貨車は積荷を載せている場合と空の場合で重量が大きく異なる。そこで積荷を載せた場合（積）と空の場合の重量を、10トンを1両に換算した換算両数として形式ごとに定め、貨車に標記している。これにより列車重量が牽引定数以内か確認することができるのである。

貨車の組成と組成方

貨物列車を組成するにあたっては、列車ごとに定められた延長換算と換算両数に応じた編成とする必要がある。そこで、貨車集結輸送を行っていた国鉄時代は、各列車の延長換算と換算両数、編成内容（貨車の行先となる操車場や貨物取扱駅）を記した「貨物列車組成並びに貨車集結方《かた》」を作成し、それに従い組成していた。貨車集結輸送では貨物列車にさまざまな貨車が連結されるため、行先と両数が示されているだけであった。一般的な有蓋《ゆうがい》貨車や無蓋《むがい》貨車からなる列車であれば、50両編成も珍しくはなかった。

拠点間直行輸送方式への転換後は「貨物列車組成方」が作成されており、途中駅での解放（切り離し）や連結も含め、編成内容も明らかになっている。また、ほかの貨物列車へ引き継いだり、ほかから引き継がれたりする継送も明らかにされており、使用されるコンテナ車の形式が指定されている場合もある。

国鉄時代の車扱貨物列車は、専用列車を除きどのような貨車も連結されてきたが、現在はコンテナ列車も含め、列車の内容は決まっていると言えよう。

2-08

貨車車票とコンテナ荷票

貨車の行先と積荷を示す貨車車票

貨車車票《かしゃしゃひょう》（以下、車票という）は、貨車の行先や荷主、積荷の内容を記したボール紙で、貨車の両側面の車票挿《さし》に差し込まれていた。荷札や送り状に相当するもので、輸送のたびに作成され、輸送後は破棄されてしまうものであった。

貨物鉄道輸送の創業時に使われていた車票は明らかでないが、送り先や積荷の内容などを記した荷札のようなものがあったと考えられる。

鉄道国有化を経て1907（明治40）年に縦3in（インチ）1/2（約89mm）、横4in3/4（約121mm）の車票が制定されたが、のちの大きさ（205mm×252mm）と比較すると小型のものであった。また、生糸や食料品などの特殊貨物には桃色の車票を使用するなど、車票による輸送の区別も行われていた。

1910（明治43）年になると縦4寸（約121mm）、横5寸4分（約164mm）へと大型化され、それまでの横書きから縦書きへと大きく変更された。また、白地に赤線で崩した「キ」の字を重ねて危険品であることを示すなど、車票をより活用するようになった。

1931（昭和6）年には現在の寸法に近い大きさまで拡大され、車票の基本形となった。また、車票に赤色の横線2本や三角形、円形などを重ね、小口扱や小口混載の貨車であることを示すようにもした。

1973（昭和48）年、車票の様式が大

戦前の危険品車票。伯備線の足立から玉島に向け鉄製有蓋車で生石灰を輸送している。赤色の「キ」が危険品を示している　所蔵：浦田慎

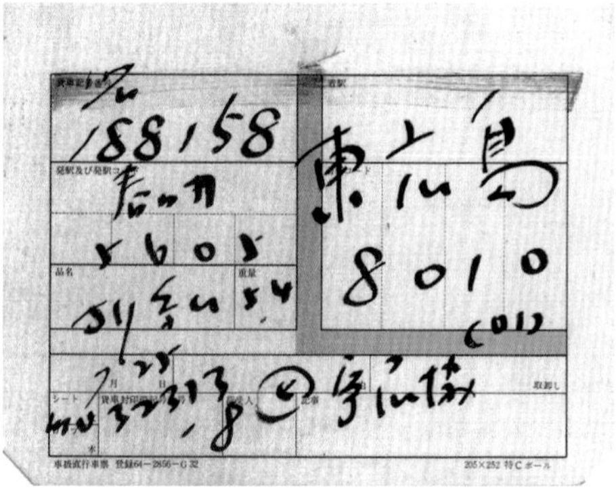

国鉄末期の車扱直行車票。春日井から東広島にちり紙を輸送している。黄緑色のL型枠が車扱直行列車での輸送を表している　所蔵：浦田慎

幅に変更された。従来の縦書きから横書きになり、貨物取扱駅のコード番号を記入するようになった。また、三角形や円形の代わりに中央部に⊥型の色表示枠を設け、そこを色付けすることで区別するようにした。

貨物輸送方式が貨車集結輸送方式から拠点間直行輸送方式へ転換され、列車種別の改変により車票名称も変更されてはいるが、基本的なレイアウトや表示は1973（昭和48）年から変わりがない。

さらにＪＲ貨物移行後は、貨物列車の編成内容が組成方で明らかになっていることもあり、一部の列車を除いては車票が省略され、車票を目にする機会は減ってしまった。

コンテナの内容を示すコンテナ荷票

車票と同様、コンテナにも行先や荷主、積荷を記したコンテナ荷票《にひょう》（以下、荷票という）と呼ばれるボール紙がコンテナ両側面の荷票挿に挿入されていた。

1959（昭和34）年に本格的なコンテナ輸送を開始するにあたり、荷票様式が定められた。当初は発駅と着駅が書かれていなかったが、1962（昭和37）年の様式改正で記載するようになった。その後、車票と同じく色表示を加えることで食料品のような急送品コンテナを容易に判別できるようにするなど、基本様式は踏襲しつつ様式変更を重ねてきた。

ＪＲ貨物発足後の1999（平成11）年にはコンテナ輸送の集貨から配送までをオンラインで管理するコンテナ貨物情報システム（FRENS）から荷票がプリンタ出力できるようになり、それにあわせ様式も大きく変更された。さらにコンテナそれぞれにIDタグを取り付け、コンテナの位置情報と運用情報を一元管理する「IT-FRENS&TRACEシステム」が2006（平成18）年に導入され、荷票は不要となり廃止されている。

国鉄末期の危険品車票。本八戸から盛岡（タ）に向けタンク車で揮発油を輸送している。赤い⊥型枠は危険品を示す　所蔵：植松昌

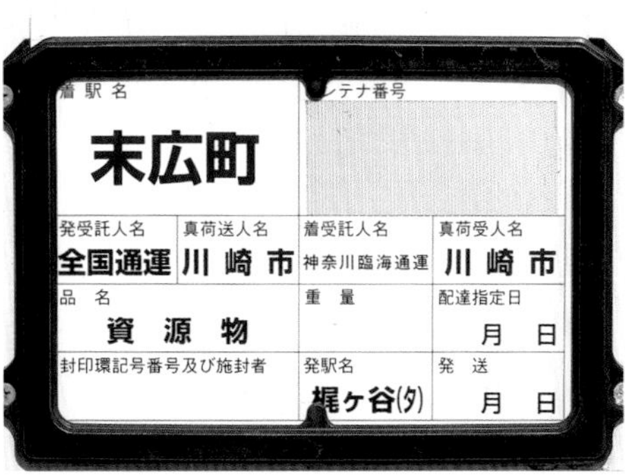

「クリーンかわさき号」で使用されているコンテナ荷票は、ほぼ毎日往復輸送されるためプラスチック製となっている　写真：植松昌

貨物列車の情報システム

コンテナ輸送を支えるIT-FRENS & TRACE

現在の貨物鉄道輸送、とりわけコンテナ輸送は情報システム抜きにしては成り立たない。コンテナ輸送を支えているのがIT-FRENS & TRACEシステムである。

国鉄時代に構築されたコンテナ情報システムをもとに、1994（平成6）年に運用を開始したコンテナ輸送の申込から列車の予約、コンテナの所在管理と集貨から配達までの輸送状況などをオンラインで管理するのがFRENS（FREight information Network System）である。さらにITシステムを用いて機能を充実させたのがIT-FRENSで、2005（平成17）年に本格稼働した。これにより、輸送申込時に適切な輸送ルートと利用列車が予約されるようになった。また、空いている列車を自動検索し、急ぐ積荷のコンテナと急がないコンテナを差し替える発送調整を自動的に行い、列車輸送力を最大限活用できるようになった。

IT-FRENSと同時期に導入したTRACE（Truck and RAil-way Combination Effcient-system）は、コンテナとコンテナ車、集配トラックにIDタグを取り付け、GPS装置を備えたフォークリフトやトップリフターでタグを読み込みコンテナの位置をリアルタイムに把握、追跡（トレース）するシステムである。フォークリフトなどの運転席にはモニターがあり、荷役作業の内容や、駅構内のコンテナの留置状況などが分かるようになっている。これにより、2006（平成18）年にはコ

ITシステム
概念図

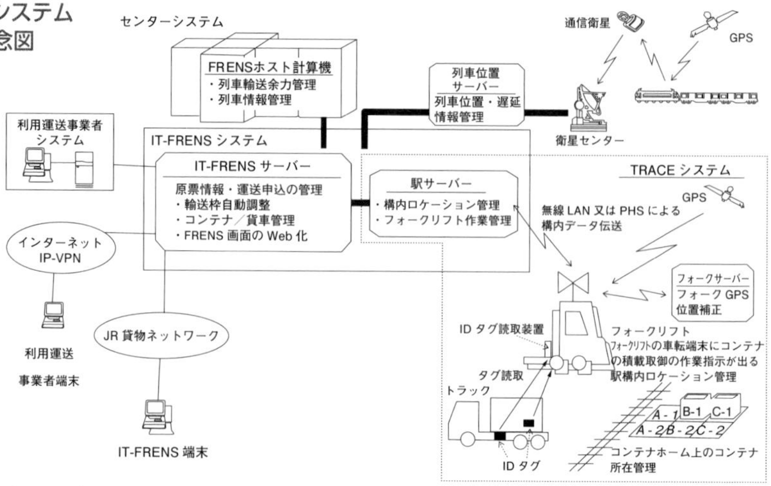

参考:『ＪＲ貨物 30年のあゆみ』

ンテナ荷票が廃止された。

貨物列車の位置を示す検知システム

貨物列車の遅れや状況を把握するため導入されたのが列車位置検知システムである。機関車に搭載したGPS装置により貨物列車の現在位置を自動取得するもので、1996（平成8）年に東海道・山陽本線で導入した。その後、導入線区を順次拡大し、2009（平成21）年には列車位置情報サービスの提供を開始している。

ＪＲ貨物のホームページでは「現在の輸送状況」として、ブロックトレインのような特定荷主向けの列車を除き、7時～0時の間で列車遅延と運休情報を公開している。

車扱列車の予約システム

一方、車扱輸送は国鉄時代、到着日時が分からない不確かな輸送であることが大きな問題であった。これを解消するため1968（昭和43）年から予約可能な地域間急行貨物列車の運転が始まり、列車を予約するためFOCS（Freigt Operation Control System）が構築された。旅客列車のマルスに相当するものである。

1984（昭和59）年の拠点間直行輸送方式への転換後は、車扱直行貨物列車に連結する貨車はすべてFOCSで管理することになり、FOCSは車扱直行貨物情報システムと呼ばれるようになった。

ＪＲ貨物になると1989（平成元）年、FOCSを元にした新車扱情報システムNETS（NEtwork of Transportation and business Strategy）の運用が開始された。さらに2012（平成24）年からはIT-FRENSにNETSと同等の機能を持たせシステムを統合している。

コンテナ側面の扉にある黄色く塗られた開閉レバーの下の、灰色と黒色の細長い長円形のもの（矢印）がIDタグになる　写真：植松昌

コンテナ車には台枠上部、車輪の直上に横に並んで灰色に塗られた2個のIDタグ（矢印）が取り付けられている　写真：植松昌

コラム
column

貨物鉄道博物館と物流博物館

三重県の三岐鉄道三岐線丹生川駅前にある貨物鉄道博物館は、貨物鉄道専門の博物館である。おもな展示物はさまざまな種類の貨車で、貨車のなかには積荷のレプリカも積み込まれている。貨車の修復も手がけ、明治時代に製造された貨車もよみがえらせている。

そのほか、貨車車票や大八車（荷車）、貨物関連資料なども収蔵されている。

開館日は毎月第一日曜（1月のみ第二日曜）で、入館料は無料。屋外の展示車両は開館日でなくとも見学できる。運営資金は来館者からの寄付金によるもので、スタッフもボランティアで運営されているのも特徴である。

物流博物館は東京都の品川駅から徒歩7分の港区高輪にあり、物流全般を扱う専門博物館として利用運送振興会が運営している。

貨物鉄道輸送に限らず、江戸時代からのさまざまな物流のあゆみを模型や映像なども交え展示している。企画展では毎回、ほかでは見ることのできない貴重な資料が展示され充実している。

また、物流に関する映画フィルムの上映会や、小学生向けの工作教室などのイベントにも力を入れている。休館日の毎週月曜と毎月第4火曜、祝日の翌日、年末年始を除き、入館料200円で見学できる。所在地は東京都港区高輪4-17-15。

貨物鉄道博物館の本館入口では横溝英一画伯のイラストが出迎えてくれる　写真:南野哲志

高輪にある物流博物館はレンガ調のシックな外観が街中に溶け込んでいる　提供:物流博物館

第3章

貨物列車と貨物鉄道輸送の歴史

所蔵：物流博物館

明治期の貨物列車と貨物輸送

貨物鉄道輸送の始まり

わが国の貨物鉄道輸送は鉄道開業の翌年、1873（明治6）年9月15日に新橋（のちの汐留）～横浜（現在の桜木町）間で始まった。定期列車と臨時列車の各1往復で、有蓋車7両、無蓋車8両の15両編成であった。翌年には大阪～神戸間が開通し、貨物輸送も行われている。当時は少量貨物の斤《きん》扱《あつかい》（のちの小口貨物）が大半であったが、1車を貸切輸送する制度（のちの車扱）も設けられていた。

開業当時の貨車はイギリスからの輸入車で、有蓋車は5トン積、無蓋車は6トン積が主であったが、ブレーキ装置を備えた貨物緩急車（のちの有蓋緩急車）や建設用の土砂車（のちの土運車）、家畜車などもあった。ほどなく、走り装置などの鋼製主要部品をイギリスから輸入し、新橋工場と神戸工場で木製車体の貨車を製作するようになった。

一方、北海道では1880（明治13）に幌内炭山の石炭輸送を目的とした幌内鉄道が幌内～手宮間で全通したが、こちらはアメリカから技術導入したため、貨車もアメリカからの輸入であった。

私設鉄道の開業と速達貨物列車の誕生

1880年代（明治13～22年）になると東海道本線が全通するなど官設鉄道の建設も進んだが、日本鉄道や山陽鉄道、九州鉄道などの私設鉄道の開業により主要幹線が徐々に形づくられた。官設鉄道と私設鉄道の間では、貨物輸送が相互に直通できるよう連帯運輸（のちの連絡運輸）制度が設けられた。また家畜車や材木車（のちの長物車）、油槽車（のちのタンク車）、石炭車なども使用された。

前ページの鉄道錦絵の左下部を拡大したもの。荷車で積荷を運ぶ様子など開業当時の貨物輸送の雰囲気がよく分かる　所蔵：物流博物館

貨物鉄道輸送は輸送量が着実に増加する一方で速達化も求められた。1897（明治30）年には急速度の直通列車の運転を始め、翌年には新橋〜神戸間（東海道本線）で速達貨物列車の運転を開始した。貨物列車は従来、機関車と列車中に連結された複数の貨物緩急車の手ブレーキでブレーキ力を確保していたが、速達貨物列車は列車全体でブレーキをかける貫通ブレーキとする必要から、真空ブレーキを備えた貨車が使用された。

鉄道国有化と「増トン工事」

1904（明治37）年の日露戦争を契機に、国防上の観点から鉄道輸送の一体運営が必要とされ、鉄道国有化が推進された。1906〜1907（明治39〜40）年におもな私設鉄道17社が買収され国有鉄道となった。私設鉄道の貨車が編入されたことで、官設鉄道時代の約8200両から国有鉄道では約3万2000両と大幅に増加した。私設鉄道の貨車の多くは4つの車輪を2本の車軸の両側に固定した6〜8トン積の小型の2軸車で、寸法や構造も多種多様であった。これらの貨車に統一した形式・番号を付与するとともに、下回りや連結器、ブレーキ装置などの部品の共通化も進めた。

また、貨物量の増加による輸送量不足を解消するため、小型貨車については「増トン工事」が行われた。走行安全性を高めるため、前後車軸間の距離（軸距）を10ft（3048mm）以上とし、車体を拡大して10トン積とする大規模な改造であった。これにより、多くの形式が整理されるとともに部品の統一も図られた。

明治中期の官設鉄道の有蓋車。7トン積で開業時の5トン積より積載量が増えている
所蔵：鉄道博物館

明治中期の官設鉄道の無蓋車。側面すべてが下側に開くあおり戸となっている。積載量は6トンと開業時と変わりがない　所蔵：鉄道博物館

B6形蒸気機関車が牽く貨物列車。1897年ごろに撮影されたもので、急速度の直通列車ではなかろうか　所蔵：鉄道博物館

3-02

大正期の貨物列車と貨物輸送

貨車集結輸送の始まりと操車場の建設

貨物輸送需要の増加により、輸送力と貨車は慢性的に不足した。そこで貨物列車の輸送力を最大限に活用し、貨車を効率よく運用するため導入されたのが、貨車を行先別に仕訳して再編成し、まとめて輸送する貨車集結輸送方式である。1910（明治43）年の東海道・山陽本線での試行に続き、貨車を効率的に仕訳して組成する操車場の新設が進められた。

1913（大正2）年には貨物専用の梅小路駅を開設し、京都駅を旅客駅とする初めての客貨分離が行われた。翌年の東京駅開業にともない新橋駅は貨物専用の汐留駅となった。1915（大正4）年にはハンプ式で初めての田端操車場が開業するなど、1920年代（大正9〜昭和4年）にかけ全国各地で操車場が建設された。そして1921（大正10）年からは全国の主要幹線で貨車集結輸送が実施されている。

自動連結器への取り替え

鉄道開業に際し官設鉄道はイギリスから技術導入したため、螺旋《らせん》（ねじ）連結器および連環連結器が使用された。一方、北海道はアメリカから技術導入したことで早い段階から自動連結器を採用していた。螺旋および連環連結器の解放・連結作業は手間を要するだけでなく危険を伴い、連結器の強度も弱かった。

そのため、自動連結器に取り替えるこ

自動連結器への取替作業。貨車は両数が多いため事前に自動連結器を床下に吊り下げておき、速やかに作業が進むようにした
所蔵：鉄道博物館

とし、1925（大正14）年に北海道を除く5万1552両の貨車と3205両の機関車、8544両の客車を自動連結器に取り替えた。なお、北海道では連結器の高さを本州にあわせるため、かさ上げする改造が行われた。

貨車の大型化と列車牽引定数の引上げ

貨物輸送量の増強に向け貨車は10トン積から15トン積へと大型化され、以後の標準的な大きさになった。なお北海道では石炭輸送用の石炭車が24トン積から30トン積へと大型化されている。

貨物列車用機関車も大型化され、9600形蒸気機関車が量産された。1916（大正5）年には列車牽引定数が600トンに引き上げられ、さらに幹線用の9900形（のちのD50形）が登場し、東海道・山陽本線は1925（大正15）年に牽引定数が950トンに、丹那トンネル完成後の1935（昭和10）年には1000トンに引き上げられている。

自動空気ブレーキの採用

速達貨物列車で使用された真空ブレーキはブレーキ力が弱く、衝突事故の原因にもなった。貨物列車の列車重量増と長編成化、運転速度の向上に対応するため、ブレーキ力が大きい自動空気ブレーキを採用することとした。

自動空気ブレーキは、ブレーキ時の衝撃が大きくなるため自動連結器の取付が必須であった。そのため、1923（大正12）年には先行して北海道内の貨物列車で自動空気ブレーキの使用を開始した。北海道以外は1930（昭和5）年までに貨車全体の4分の3に自動空気ブレーキ装置が取り付けられ、すべての貨物列車で空気ブレーキによる運転が始まり、最高速度も約50kn/hから65km/hに上がった。

ワム23000形（のちのワム1形の一部）は初めての15トン積有蓋車であった。車体は木製だが側引戸は鋼製と木製があった　所蔵：植松昌

無蓋車も15トン積のト21600形（のちのトム1形）が量産された。側面中央部には鋼製の両開き戸が設けられた　所蔵：植松昌

石炭車では30トン積のオテセ10500形（のちのセキ600形）が製造され、北海道の石炭輸送で長く活躍していた　所蔵：植松昌

3-03

戦前期の貨物列車と貨物輸送

貨物輸送体制の強化

貨車集結輸送の導入にともなう操車場の建設は、1923（大正12）年の吹田操車場、1925（大正14）年の稲沢に続き1929（昭和4）年に新鶴見操車場が開業し、三大操車場を中心とした輸送体制が構築された。客貨分離は大阪の梅田駅、名古屋の笹島駅などの開設に加え、3大都市圏では貨物専用線の建設や複々線化工事が行われ、旅客列車との分離による貨物輸送力の増強が図られた。

また、1927（昭和2）年には鮮魚輸送用の急送品貨物列車が自動空気ブレーキを装備した冷蔵車で始まり、下関～梅小路間を17時間40分、下関～汐留間を約40時間で結び、好評を博した。

北海道では石炭列車の輸送力増強が求められ、室蘭行きに限り1930（昭和5）年から2000トン、1936（昭和11）年からはD50形蒸気機関車牽引の2400トン列車（30トン積石炭車53両編成）の運転が開始された。

特別小口扱と急行宅扱貨物列車

小口扱貨物の集配は小運送事業者に委ねられていたが、料金はまちまちであった。そこで1927（昭和2）年、集配料を運賃に含めた特別小口扱制度を導入し、特別小口貨物列車の運転を開始した。その後、トラック輸送に対抗するため運賃を値下げするとともに名称を宅扱に改称した。さらに1937（昭和12）年からは、最高速度85km/hの大型有蓋車ワキ1形で編成された急行宅扱貨物列車を汐留～梅田間と吹田操車場～下関間で運転を開始した。この列車は急行旅客列車並みの速度を誇る戦前期の花形貨物列車であった。

称号改正と鋼製貨車、特殊貨車の登場

鉄道国有化による車両の形式・番号を

宅扱貨物の宣伝ポスター。国鉄は特別小口扱貨物列車に力を注ぎ、名称も公募で選んだ宅扱に変更した　所蔵：物流博物館

統一するため1911（明治44）年に車両称号規程が制定されたが、その後の新形式や車種の増加にともない1928（昭和3）年に全面的な見直しが行われ、すべての貨車の形式・番号が変更された。この称号体系はＪＲ貨物が発足するまで続き、国鉄時代の貨車は今でもこの形式・番号によっている。

従来、貨車の車体は木製であったが、1926（大正15）年に鋼製車体（屋根と床は木製）とした15トン積有蓋貨車が誕生し、以降は鋼製車が標準となった。

また戦前期はさまざまな特殊貨車が登場した。1928（昭和3）年に豚積車と家《か》禽《きん》車、1931（昭和6）年に活魚《かつぎょ》車、1933（昭和8）年に陶器車と、積荷に応じた新車種が続々と誕生している。また、機関車では1936（昭和11）年からD51形蒸気機関車の製造が始まり、貨物列車用標準機として1945（昭和20）年までに1115両が製作された。

戦前の小型コンテナ輸送

コンテナ輸送の歴史は戦前までさかのぼることができる。小口貨物輸送を改善するため、1931（昭和6）年に1トン積の鋼製箱型のイ号コンテナ100個を試作し、無蓋車に積載して輸送した。さらに小型コンテナのロ号コンテナとハ号コンテナを試作し、有蓋車で輸送したりもしたが、日中戦争の開始で戦前のコンテナ輸送は中止された。

9600形が牽く宅扱貨物列車。太い黄柑色の帯に2本の赤線が入ったワキ1形の編成は鮮やかな色合いの花形列車であった　写真：伊藤英雄

特殊貨車の筆頭と言えば活魚車が挙げられる。車内に魚槽を設け、琵琶湖産の小鮎などを生きたまま輸送した　所蔵：鉄道博物館

試験的に輸送された1トン積のイ号コンテナ。無蓋車への積卸しにクレーンが必要であり、試験輸送の域を出なかった　所蔵：物流博物館

3-04

戦中・戦後復興期の貨物列車と貨物輸送

戦時下の貨物輸送優先体制

1937（昭和12）年の日中戦争勃発と翌年の国家総動員法の制定により、戦時体制へと移っていった。外地への軍事輸送による船舶徴用とガソリンの消費規制により、内航海運と自動車の貨物輸送は鉄道へと転移した。輸送量の急増に対応するため汎用の有蓋車や無蓋車を大量に増備したが十分とは言えず、その後は鋼材を節約するため木製車体の貨車を製作するようになった。

1941（昭和16）年の太平洋戦争の開戦により鉄道輸送の重点は貨物へと移り、旅客列車の運転本数を減らし貨物列車を増やす貨物輸送優先体制となった。翌年には宅扱が廃止されるなど、軍需関係物資の輸送に重点がおかれた。

当時の輸送量の4分の1を占めていた石炭の輸送力確保はとくに大きな問題であった。1942（昭和17）年には関門トンネルが開通し、九州・筑豊炭の本州への輸送は改善されたが、それでも輸送力は足りなかった。翌年からは、資材を節約し製作を簡略化した戦時設計の30トン積木製3軸無蓋車のトキ900形を大量に増備した。車体板を高くして容積を拡大し、3軸車とすることで短い車体で石炭を最大限積めるようにした。そのほかの貨車についても、輸送量を増やすため極限まで荷重（積荷の重さ）を増やす戦時増積《ましづみ》が行われた。

戦後復興と連合軍輸送

1945（昭和20）年に終戦を迎えたが、戦災により9500両を超える貨車が失われた。復興には貨物輸送が欠かせないが、戦争中の増積や戦時設計車の酷使により損耗が激しい約2万5000両は使えず、使用できる貨車は約9万2700両に留まった。復興資材の輸送などの輸送需要に対し輸送力が極度に不足する事態となり、

戦時設計で凸型車体であったEF13形が牽く貨物列車。このあと、車体がEF58形の箱型車体に置き換えられている
写真：鈴木靖人

貨車の修復と増備が進められた。なかでもトキ900形は損耗がひどく、自動連結器や空気ブレーキ装置などの部品だけを他形式に流用する転用改造が広く行われた。一方、連合軍の指示により貨車の大型化と車掌車の連結も進められた。

また、蒸気機関車運転用の石炭不足は貨物列車の運転に大きな影響を及ぼした。そこで電化を推進することとし、上越線や奥羽本線の勾配区間を手始めに東海道本線など主要幹線の電化を進め、貨物用のEF15形電気機関車の製造を開始した。

一方、わが国に進駐した連合軍は駐留に必要な軍用品として、兵器や機材、食料品などを最優先で輸送させた。さらに、食料品の輸送用と航空機や自動車などの燃料の輸送用に、冷蔵車とタンク車を連合軍専用車としたて徴用した。

国鉄の発足と小口急送貨物列車

1949（昭和24）年、国鉄（日本国有鉄道）が発足した。従来の国営鉄道から独立採算制の公共企業体へと生まれ変わった。翌年には小口貨物輸送の改善のため東海道・山陽本線2往復、日本海縦貫線1往復の小口急送貨物列車の運転が始まり、その翌年には東北本線にも1往復が運転された。これらに使われたワキ1000形有蓋車の側面には「急行便」と標記されていた。さらに1952（昭和27）年には運賃に配送料を含めた、戦前の宅扱に相当する急行小口扱を新設している。

戦時設計の30トン積無蓋車のトキ900形。資材節約のため短い車体ながら3軸車として石炭30トンを積めるようにした　所蔵：植松昌

連合軍専用車として徴用されていたレ2900形冷蔵車。空車になったら東横浜駅に戻すよう英語で標記されていた　写真：豊永泰太郎

戦前の宅扱列車に相当する小口急送貨物列車に使用されていたワキ1000形。黄柑色の帯と「急行便」の文字が誇らしげだ　所蔵：植松昌

3-05

貨物輸送の近代化と貨物列車

高度経済成長と貨物輸送の近代化

1955（昭和30）年からの高度経済成長期には、石炭から石油へのエネルギー転換が進む一方で貨物輸送需要はますます高まり、輸送力不足は慢性化していた。そのため貨物列車の増発や操車場、貨物取扱駅の改良と整備を進め、貨物列車の速達化にも努めた。

貨車の多数を占める2軸貨車の走り装置であるリンク式ばね吊り装置は、高速走行すると激しい蛇行動を引き起こすため、これを改良した2段リンク式ばね吊り装置を開発し、最高速度75km/hでの走行を可能とした。

1958（昭和33）年にはプレス部品の採用と軽量化、引戸幅を2.3mに広げ両開きとしたワム70000形有蓋車が登場し、翌年から75km/h運転の急行車扱貨物列車「さかえ」号（汐留～梅田間）で使用された。また、レ12000形冷蔵車で編成された鮮魚列車の急行急送品貨物列車「とびうお」（博多港～大阪市場間）、「さんりく」（青森操車場～東京市場間）も運転を開始した。

プレス部品を採用し、軽量化と製造コスト低減を図ったワム70000形。引戸幅の拡大など荷役の効率化にも寄与している　所蔵：植松昌

さらに積荷をパレットに載せ荷役するパレット積に適応するよう、側面すべてを開閉自由とした側総開き戸式の15トン積ワム80000形が1960（昭和35）年から量産され、代表的な有蓋車となった。

幹線の電化と複線化も進められ、1954（昭和29）年のEH10形を手始めに、EF64形、EF65形、EF70形、ED75形など代表的な電気機関車が続々と登場している。非電化区間用ではDD51形ディーゼル機関車などが製作されている。

コンテナ特急「たから」号の運転開始

荷役作業の近代化を図るため、1955（昭和30）年より再度コンテナの試験輸送が行われた。その結果を踏まえ、商取引単位や駅と荷主の間を結ぶトラック輸送を考慮し、5トン積のコンテナ（5トンコンテナ）とした。コンテナ専用のチキ5000形長物車（のちのコキ5000形コンテナ車）を製作し、1959（昭和34）年から最高速度85km/hの特別急行貨物列車「たから」号を汐留～梅田間で運転開始した。今に続くコンテナ列車の始ま

レ12000形で統一された鮮魚輸送の急行急送品貨物列車「とびうお」。博多港～大阪市場間を18時間10分で結んだ　写真：岩沙克次

りである。翌年からは急行車扱貨物列車に連結する形でコンテナ輸送の範囲を広げ、拡大していった。

高速貨物列車の運転

1960年代（昭和35～44年）に入ると、道路整備や高速道路の開通によりトラックによる自動車輸送が台頭していった。そこで最高速度100km/hの高速貨物列車が計画され、それに使用する貨車の開発が進められた。

1965（昭和40）年にはワキ10000形30トン積有蓋車が試作され、100km/h走行とするため空気ばね台車、応荷重装置付電磁自動空気ブレーキ、密着式自動連結器などが備えられた。翌年から量産が始まり、レサ10000形24トン積冷蔵車、コキ10000形34トン積コンテナ車などが10000系高速貨車として製作され、東海道・山陽・鹿児島本線で最高速度100km/hの高速特別急行貨物列車9本が運転された。この高速運転に対応するため、1968（昭和43）年からEF66形が量産されている。

汐留駅で出発を待つコンテナ特急「たから」号。行灯式テールマークの電源が車掌車から供給されているのが見てとれる　写真：若尾侑

10000系高速貨車の元祖となるワキ10000形有蓋車。妻と屋根は当時のコンテナと同じ黄緑6号に塗られていた　写真：吉岡心平

3-06

貨物輸送の質的改善と貨物列車

「よん・さん・とお」ダイヤ改正

自動車による貨物輸送が鉄道輸送を凌駕するようになると、鉄道輸送は従来の輸送力増強だけではなく、輸送時間の短縮や到着日時の明確化、荷役の機械化などの質的改善が必要となっていった。

1968（昭和43）年10月のダイヤ改正、いわゆる「よん・さん・とお」では、貨物拠点駅間を結び同一方面の貨車をまとめて直行輸送する地域間急行貨物列車の運転が始まった。この列車に継送する列車を含め予約可能とし、到着日時を明らかにするようにした。

また、北海道と本州、九州の普通貨物列車の最高速度が、一部線区を除き65km/hから75km/hへとスピードアップされた。1954（昭和29）年以降に製造された2軸貨車は2段リンク式ばね吊り装置を備えており、石炭車を除く既存の2軸貨車約2万6000両を改造することで貨物列車のスピードアップを実現した。

東京の3つの鉄道管理局が共同して作成した東京～九州間を結ぶフレートライナー宣伝用のパンフレット　出典：国鉄パンフレット『フレートライナー』

「フレートライナー」の誕生

国鉄のコンテナ輸送は集配範囲が限られるなど、必ずしも使い勝手の良いものではなかった。そこで、1969（昭和44）年からは中長距離や地域内でトラック輸送を行う通運事業者と連携した、協同一貫輸送によるコンテナ専用直行列車「フレートライナー」の運転を開始した。当初、コキ10000形を使用した特別急行貨物列車とコキ5500形の急行貨物列車の10本であった「フレートライナー」は、急行車扱貨物列車では不明確であった到着日時が明確になり好評を博した。1971（昭和46）年にはコキ50000形が登場し、最高速度95km/hの「フレートライナー」に充当された。翌年には「フレートライナー」はすべて特別急行貨物列車となり、111本を数えるまでに増加した。

渋谷付近の山手貨物線を北上する「フレートライナー」。12ftの国鉄5トンコンテナの後ろに20ftの私有コンテナが続く　所蔵：物流博物館

横須賀駅を出発するク5000形7両編成の自動車専用列車。大船駅で「アロー」号に継送され名古屋・大阪方面に向かう　出典：国鉄小冊子『近代化すすむ貨物輸送』

物資別適合輸送と専用貨物列車

特定の積荷を専用貨車で車扱輸送する事実上の専用列車は、明治時代から北海道や常磐、筑豊地区の石炭輸送で、大正時代から九州や青森から東京や大阪に運ぶ鮮魚列車で行われてきた。

定型的な大量貨物の輸送は鉄道輸送の得意とするところであり、着駅が分散しがちな物資であってもまとめることで効率的な輸送ができると考えられた。そこで国鉄と業界各社が出資した物資別ターミナル会社が設立され、石油、セメント、配合飼料、液体化成品について物資ごとの拠点駅に集約基地が建設された。

これと並行して、物資別に最適化した物資別適合貨車の開発も進められた。1966（昭和41）年には自動車輸送用のク5000形車運車と、配合飼料などの粉粒体輸送用のホキ2200形ホッパ車が誕生した。自動車輸送基地も整備されて自動車の鉄道輸送が始まり、「アロー」号と名付けられた。また、石油輸送用にはタキ43000・44000形タンク車が量産され、臨海部から内陸部の石油基地に向け輸送された。このほか、鉄鋼コイルや原木、木材チップの輸送用車が汎用の無蓋車や長物車から改造された。「よん・さん・とお」では列車種別に専用貨物列車が設けられ、物資別適合輸送が推奨された。

碓氷峠を越え浅間山麓を駆け抜けて西上田の石油基地へと向かう、日本オイルターミナル所有のタキ43000形石油専用列車　写真：植松昌

3-07

貨物輸送の大変革と貨物列車

貨物輸送の効率化と貨物取扱駅の集約

国鉄の貨物輸送量は1970（昭和45）年の634億トンキロをピークに減少し始めた。さらに貨物部門の収支は1972（昭和47）年から赤字となり、経営改善のため効率化が強く求められた。特に全国くまなく広がっていた貨物取扱駅は、貨物取扱量の割には人手を要する効率の悪いものであった。国鉄再建計画により、貨物取扱駅は1969（昭和44）年度末の2824駅から5年間で1684駅にまで集約された。

また、操車場での分解、仕訳、組成の効率化による貨車中継時間の短縮と構内掛を省人化するため自動化システムの導入が計画され、1968（昭和43）年に郡山操車場が自動化操車場となった。その後も高崎操車場、塩浜操駅、武蔵野操車場などが次々に自動化されていった。

拠点間直行輸送方式への転換

その一方、労働争議による順法闘争やストライキで毎年のように貨物列車が大幅に運休した。1975（昭和50）年のいわゆる「スト権スト」では8日間にわたり運休が続いた。さらに貨物運賃の大幅値上げも繰り返され、荷主からの信頼を完全に失い、鉄道離れが急速に進むこととなった。

コンテナ輸送は輸送量をほぼ維持したのに対し、車扱輸送の落ち込みが特に大きかった。操車場を利用した貨車集結輸送方式は、輸送量が多く、行先が多方面にわたる場合には貨車と貨物列車の輸送力を活用できるが、輸送量が減少してくると操車場での中継時間の長さと到着日時が不確かである短所ばかりが目立つようになっていった。

1978（昭和53）年のダイヤ改正では、輸送量に見合った輸送体制とすべく列車本数を大幅に削減した。「フレートライナー」と地域間急行貨物列車も見直し、特急列車に相当する高速貨物列車と、急行列車に相当する直行貨物列車に再編し直した。それでも全体の約65%は集結輸送列車が占め、貨物取扱駅も1406駅あった。

貨物輸送の大幅赤字からの脱却を求められた国鉄は貨物輸送を抜本的に見直し、

ポイントを遠隔操作で切り換え、カーリターダ―を多段階に設置して貨車の速度を測定しながら段階的に速度調整する
出典：国鉄小冊子『近代化すすむ貨物輸送』

貨物輸送方式の転換で余剰となった貨車が大量に留置されていた旧新鶴見操車場。従来方式の効率の悪さを象徴していた　写真：渡辺一策

1984（昭和59）年のダイヤ改正にて貨車集結輸送方式から拠点間直行輸送方式に転換することとした。操車場は全廃し、貨物取扱駅も467駅に削減、列車本数も従来の半分以下となった。ただし車扱直行貨物列車に接続する集配貨物列車との中継作業を行うため、組成駅と操車場の一部は中継基地として残された。貨車も半数以上が余剰、廃車となり、使われなくなった操車場に大量の貨車が留置され、一部は一般にも販売された。

車扱貨物はコンテナ化が推奨され、国鉄の分割民営化の方針が定まると、拠点間直行輸送方式の完徹が求められた。1986（昭和61）年のダイヤ改正で貨物取扱駅は368駅まで集約され、輸送基地は全廃された。車扱列車は再編の上、専用貨物列車に統合された。輸送経路を失った液体化成品など、すぐにはコンテナ化やトラック輸送できない少量貨物を輸送するため、臨海鉄道線内を中継基地として結ぶ専用貨物列車が新たに運転され、「新専貨《しんせんか》」と呼ばれた。また、大物車による特大貨物輸送などを除き車掌車や緩急車の連結は廃止され、列車最後部には赤い後部標識を取り付けるようになった。

コンテナ輸送やトラック輸送にすぐには転換できない荷主や積荷の受け皿となった新専貨は、貨車集結輸送の薫りを残していた　写真：古谷雅之

ＪＲ貨物への移行と貨物列車

コンテナ列車の長編成化と速度向上

1987（昭和62）年の国鉄の分割民営化で、ＪＲ貨物（日本貨物鉄道）は経営の厳しさが予想された。そのため貨車や機関車は必要両数だけを引き継ぎ、貨物列車が走ることで発生する線路保守などの追加費用（アボイダブルコスト）のみを旅客会社に支払うなど、非常にスリムな体制とした。翌年には青函トンネルと本四架橋の開通によりレールによる全国ネットワークが完成し、札幌〜福岡間2133kmを直通する最長距離貨物列車の運転が開始された。

ＪＲ貨物移行に向け、国鉄末期から改善が進んでいた。1985（昭和60）年のダイヤ改正では、東京〜福岡間で1200トン牽引（24両編成）のコンテナ列車8本の運転が始まっている。前年の拠点間直行輸送方式への転換で需要が高まったコンテナ列車の輸送力を増強したものである。

また、翌年の改正では、東京〜福岡間で前年に一度廃止した100km/h走行の高速貨物列車を「スーパーライナー」として復活させた。さらに1988（昭和63）年からは東京〜広島間で最高速度を110km/hとした「高速スーパーライナー」の運転を開始し、110km/h走行に対応したコキ100・101形を充当した。

1990（平成2）年には東京〜岡山間で1300トン牽引（26両編成）の列車5本を運転するとともに1200トン列車33本のうち13本を100km/hに高速化した。

1987年4月1日夜中に旧汐留駅で行われた国鉄分割民営化とＪＲグループ誕生のセレモニー「SL汽笛吹鳴式」　写真：交通新聞社

1986年11月ダイヤ改正で東海道・山陽本線にて3往復の運転が始まった「スーパーライナー」の出発式　出典：『貨物フォト』251号

着発線荷役方式概要
参考：ＪＲ貨物パンフレット
『着発線荷役方式』

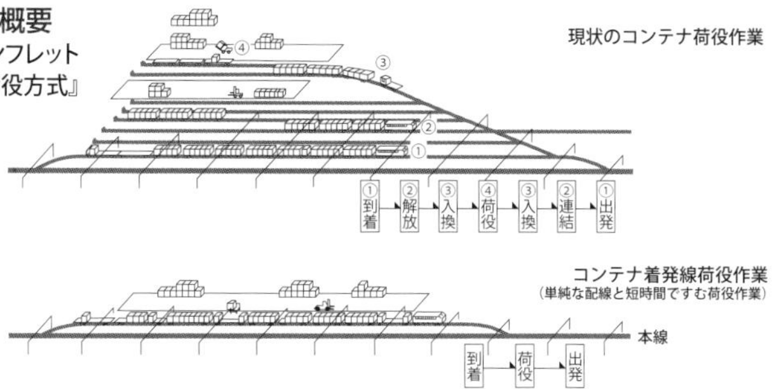

E&S方式によるコンテナ駅の改良整備

コンテナは、一般的に架線が張られていないコンテナホーム（荷役線）でコンテナ車に載せるため、始発駅や終着駅であれば問題はないが、途中駅では列車中の一部のコンテナ車を切り離してコンテナホームに移動し、別のコンテナ車を列車に連結するため長い停車時間が必要となってしまう。

これを解消するため開発されたのが着発線荷役（E&S=Effective & Speedy container handling system）方式である。列車が着発する着発線にコンテナホームを設け、直接荷役を行う。フォークリフトなどは架線に支障しないようリフトアップの高さが制限されている。1986（昭和61）年に新南陽と岐阜貨物ターミナルで導入したのを手始めに、現在では30駅以上に拡大している。

ピギーバック輸送の盛衰

バブル景気による輸送需要の高まりもあり、トラックを貨車に乗せ列車輸送するピギーバック輸送が、1986（昭和61）年より東京～大阪間など3区間32台で始まった。床面を低くした専用の車運車1両に、集配にも使える4トン積の中型トラック2台を載せ輸送した。

1989（平成元）年には110km/h走行できる車運車クム1000・1001形も新製され、ドライバー不足や道路渋滞もありピギーバック輸送は拡大、1993（平成5）年には15区間396台が輸送されるまで拡大した。しかし、バブル経済崩壊による景気後退と割高な運賃の影響もあり、一転縮小が続き、2000（平成12）年をもってピギーバック輸送は終焉を迎えた。

EF66形が牽引する、下関～東京貨物ターミナル間を結ぶピギーバックとコンテナ車を併結した高速貨物列車　写真：掘井純一

3-09

150年を迎えた貨物列車と貨物輸送

高速列車と長編成列車のさらなる増強

バブル景気の崩壊により輸送量は減少したが、東海道・山陽本線は旺盛な輸送需要があった。そこで列車高速化とともに途中駅の待避線や荷役線の延伸など輸送力の増強工事を進め、1998（平成10）年には東海道本線の工事が完成し1300トン列車を14本から31本へと大幅に増やした。その後も福岡貨物ターミナルまで工事が進み、現在では1300トン列車が50本以上運転されている。

また、輸送効率の高い大型コンテナを積卸しするトップリフターの配備を進め、10トントラックの荷台相当の長さ31ftの私有有蓋コンテナやISO規格の20ftタンクコンテナの利用を推進している。

車扱輸送では、石油輸送の効率改善のため45トン積で95km/h走行可能なタキ1000形タンク車を開発し、1996（平成8）年より高速貨物列車として運転している。2002（平成14）年から平坦線区の一部列車では23両編成（1380トン）としている。

これら貨物列車の高速化や長編成化を実現するため新たな機関車の開発も進められ、EF210形、EH200形、EH500形、DF200形など、現在の主力機関車が2000（平成12）年前後から続々と誕生している。

荷主が貸し切るブロックトレイン

ブロックトレインとは、コンテナ列車のすべてまたは半数以上を特定の荷主が貸し切り往復輸送する貨物列車のことで、2004（平成16）年に東京～大阪間で運行を開始した佐川急便専用の貨物電車「スーパーレールカーゴ」が最初である。

石油輸送の効率改善のため、石油列車は長編成化と高速輸送化が求められている　写真：渡辺圭介

トヨタ「ロングパス・エクスプレス」は運行当初「TOYOTA」ロゴの入ったコンテナで運用され綺麗であった　写真：福田孝行

福山通運の「福山レールエクスプレス」はブロックトレインで最多の4往復が運転されている
写真：植松昌

2006（平成18）年からはトヨタ自動車が部品輸送用にすべてを貸し切った、トヨタ「ロングパス・エクスプレス」が運行を開始した。さらに2013（平成25）年からは福山通運がすべて貸切の「福山レールエクスプレス」を、2018（平成30）年からは西濃運輸が大部分を貸し切る「カンガルーライナー」の運行を開始している。

ブロックトレインは当初「オーダーメイドトレイン」と呼ばれていたが、2021（令和3）年からはすべて貸切を「専用ブロックトレイン」、一部貸切を「混載ブロックトレイン」と呼ぶようになった。

また2022（令和4）年から運転を開始した日本通運と全国通運が部分的に貸し切り、首都圏と関西圏を結ぶブロックトレインはフォワーダー（利用運送事業者）向けであるとして、「フォワーダーズブロックトレイン」と名付けられている。

廃棄物輸送による再資源化

ＪＲ貨物は廃棄物や建設発生土、リサイクル品などのエコ関連物資輸送にも力を入れている。1995（平成7）年に運転を開始した「クリーンかわさき号」がその始まりである。川崎市北西部で発生した一般ごみや粗大ごみを南東部の処理センターに輸送するもので、輸送距離は極めて短いが、トラック輸送による市内の渋滞を避ける意味合いもあり、30年近くにわたり継続輸送されている。

さらに、さいたま新都心整備事業で発生した建設発生土や、金属リサイクルの元になる電子機器部品や金属スクラップの輸送、自治体からのごみ焼却灰輸送なども行っている。最近ではリニア中央新幹線の建設発生土も輸送している。

リニア中央新幹線のトンネル工事建設発生土の輸送列車。運転開始当初はDE10・DE11形が牽引していた　写真：西　光

コラム
column

国際海上コンテナ輸送

コンテナは国際的には長さ20ftと40ftのISO（国際標準化機構）規格コンテナが主流であり、海外との貿易が盛んになるとISOコンテナの輸送が要請された。国鉄時代の1967（昭和42）年、米軍用の国際海上コンテナを輸送したのがその始まりだが、1978（昭和53）年には輸送を終了し、国鉄時代の輸送は短命だった。

ＪＲ貨物になってからは、1989（平成元）年の横浜博覧会開催にともなう道路渋滞を避けるため、東京～横浜本牧間で鉄道輸送が行われた。1995年（平成7）年には横浜・東京～宇都宮間で、2010（平成22）年からは東京～盛岡間で長さ40ftを中心とした輸送が実施されている。そのほか、東京～新潟間、東京～岡山間、名古屋～北九州間などでも有蓋（ドライ、リーファー）コンテナを中心に輸送されている。

近年増加している高さ9ft6inのハイキューブコンテナの輸送は、トンネルなどが支障するため東京～盛岡間に限られていた。そこで床面高さを740mmとしハイキューブを積載可能としたコキ73形が製造されている。このほか、ISO規格のタンクコンテナも貨物列車で数多く見受けられるが、輸出入用ではなく、私有タンクコンテナの代わりとして使用されているものも多い。

盛岡から東京に向かう国際海上コンテナの輸送列車。機関車次位は床面高さが低いコキ73形が使用されている　写真：植松昌

第4章

貨物電車と貨物用機関車

写真：平出圭

4-01

貨物電車

貨物電車誕生の経緯

1999（平成11）年に貨物輸送の将来を検討するためＪＲ貨物内に設けられた「カーゴ21」プロジェクトにおいて、成長が著しい宅配便を東京～大阪間で高速鉄道輸送し、トラック輸送からのモーダルシフトを目指すとの基本構想がまとめられた。

そして佐川急便と協定を結び具体化が進められた。東京～大阪間の運転時間を6時間以内とする、駅構内での入換やトラックとの積替時間を最小にする、定時輸送が重要なため輸送の安全性と信頼性を確保する、が条件として求められた。

機関車牽引では最高速度110km/hの最速列車でも東京～大阪間は6時間40分かかってしまうため、特急旅客電車と同じ最高速度130km/hで曲線通過速度を機関車牽引より15km/h速くできるコンテナ専用の貨物電車を開発することにした。

貨物電車の概要

貨物電車は編成両端それぞれにモーターの付いた電動車2両（Mc250形＋M251形）、中間にはモーターがない付随車12両（T260形＋T261形を6組）の16両固定編成である。機関車牽引のコンテナ列車は貨物取扱駅で荷役線への入換を入換用機関車で行っているが、貨物電車はパンタグラフのある電動車を両端に配し、荷役線の入口部まで架線を延ばし

途中の輸送障害で珍しく大幅遅れとなった「スーパーレールカーゴ」。定時運行率が高い列車の一つである
写真：植松昌

て、一つのパンタグラフでも入換できるようにして入換時間の短縮を図っている。

主電動機（モーター）やインバータ装置などは使用実績のあるものを採用し、信頼性を高めた。出力は全体で3520kWあり、高速機関車EF210形の3390kWを上回っている。

大型トラックの荷台に相当する長さ31ftの10トンコンテナを電動車に1個、付随車に2個の計28個を積載し、一列車でトラック28台分を輸送する。コンテナ積載部はコキ100系と同じ床面高さ1000mmとし、電動車は車体中央部を落とし込む構造とした。付随車は車体全体を低くし、車輪直径を通常より50mm小さい810mmとしてディスクブレーキを併用している。

性能試験と営業運転

2002（平成14）年に第1編成16両が完成し、各種性能試験が行われた。世界初の貨物電車であり、編成の前後に電動車を配置し中央を付随車としたことから入念な試験が実施された。

翌年には第2編成と予備車10両が製作され、2004（平成16）年のダイヤ改正から東京貨物ターミナル～安治川口間で運転が開始され「スーパーレールカーゴ」の愛称が付けられた。運転時間は6時間12分で、最高速度は130km/h、運転区間の距離を運転時間で除した表定速度は90.6km/hに達している。東海道新幹線が開通するまで東京～神戸間を走っていたビジネス特急「こだま」の表定速度は84km/hで、それよりも早い貨物列車は世界的にも最速クラスの列車である。

1日に56台分の大型トラックがモーダルシフトできたことになり、年間で約1万4000トンのCO_2を削減している。

M250系の機器配置

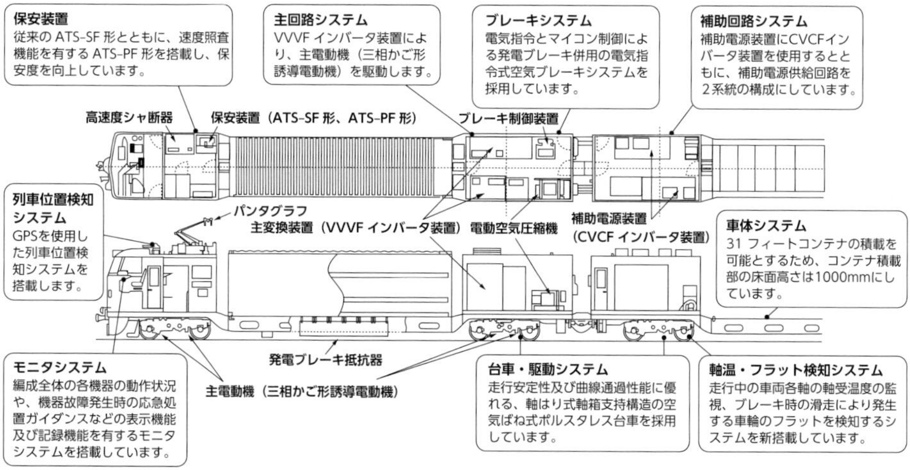

参考：ＪＲ貨物パンフレット『M250系特急コンテナ電車（スーパーレールカーゴ）』

貨物列車用
直流電気機関車

国鉄時代に設計された直流電気機関車

国鉄時代に設計された直流機も両数を減らしてはいるがまだ活躍している。

1969（昭和44）年に製造を開始したEF65形1000番台は重連運転できる耐寒構造の標準機で、出力は2550kWである。ＪＲ貨物移行後、延命・更新工事が行われ、元番号に1000を加えた2000番台となっている。

EF64形1000番台は勾配の多い上越線など山岳線用に開発された機関車で、雪害対策が施されている。1980（昭和55）年から製造され、出力は2550kWである。

1966（昭和43）年から量産を開始したEF66形は出力3900kWと狭軌鉄道で最大出力を誇ったが、1974（昭和49）年に製造を終了した。しかしＪＲ貨物発足後の1989（平成元）年、機器類の改良や冷房装置の搭載、前照灯の配置を変更するなどした100番台33両が増備された。

平坦線区用の主力標準機EF210形

EF210形はEF65形の後継機として誕生した出力3390kWのVVVF（可変電圧・可変周波数）インバータ制御の直流機で、現在の主力標準機となっている。

ＪＲ貨物発足後の1990（平成2）年に開発したEF200形は、1600トン列車の牽引を想定した出力6000kWの大出力機であった。しかし変電所の容量が不足するため、最大出力を3500kWに抑えて運用せざるを得なかった。

そこで、1300トン列車を牽引する直流機として開発されたのがEF210形である。1996（平成8）年に試作機が製造され、EF66形相当の運転性能があることが確認された。1998（平成10）年から量産が始まり、1300トン列車の増発

国鉄時代の標準機であったEF65形は延命・更新工事を受け、短距離区間中心ではあるが活躍している　写真：西　光

中央西線の石油列車と伯備線の紙輸送コンテナ列車に充当されているEF64形1000番台もまだまだ健在　写真：平出圭

にも寄与している。当初、岡山機関区に配属されたことから「桃太郎」の愛称が付けられた。翌年度からの改良機は100番台となっている。

山陽本線瀬野～八本松間（セノハチ）の勾配区間で列車を後押しする補助機関車EF67形の置換用として、2012（平成24）年から100番台をベースとした300番台が製造されている。列車を後押しする際に発生する連結器間の衝撃を緩和するため、新型のシリコン並用ゴム緩衝器を採用している。補助機関車としてだけでなく、貨物列車も牽引できる汎用機関車として増備が進められている。

山岳線区用の主力EH200形

中央本線や上越線など急勾配が連続する線区に重連で使用されてきたEF64形の置換用として、2001（平成13）年からEH200形が製作された。25‰の勾配区間で1000トン列車を1両で牽引するため、動軸8本の2車体連結とした。出力は4520kW、VVVFインバータ制御とし、EF64形重連相当の牽引力を確保している。「ブルーサンダー」の愛称名で親しまれている。

EF210形300番台は、セノハチの補助機関車として開発されたが貨物列車牽引用としての能力も高く、主力機として増備が続いている
写真：西　光

勾配線区の主力機として活躍するEH200形は、降雪地域でも積雪を跳ね飛ばしながらパワフルに貨物列車を牽引する
写真：西　光

4-03

貨物列車用 交流・交直両用電気機関車

国鉄時代に設計された交流・交直両用機

交流機では、シリコン整流器式の標準機であるED75形をベースにした出力1900kWの客貨両用機ED76形が製造され、1970（昭和45）年には高速貨物列車に対応したED76形1000番台が誕生した。特別急行貨物列車やブルートレインなどにも使用されたが、現在は九州島内で余生を過ごしている。

交直両用機としては、EF65形をベースに日本海縦貫線用に開発されたEF81形の車体をステンレス鋼製とした、関門トンネル用の300番台が1973（昭和48）年に製作された。出力は直流2250kW、交流2370kWである。1986（昭和61）年には重連運転を可能とした400番台が0番台から改造され、関門トンネル用のEF30形を置き換えた。ＪＲ貨物発足後は1991（平成3）年に400番台の改良増備車として450番台が製造されている。現在は関門トンネルの運用から外れ、九州島内で運用されている。

交直両用機の主力EH500形

1988（昭和63）年の青函トンネル開通により本州と北海道の間を直通する貨物列車が運転されるようになったが、直流と交流それぞれで国鉄時代の機関車が

(上)高速貨物列車用のED76形1000番台は現在、EF81形とともに九州島内の貨物列車牽引機として用いられている
写真:平出圭

(右)東北本線と関門トンネルを中心に運用されているEH500形は、交直両用の主力機として活躍している
写真:西　光

牽引していた。東京～函館間を1両の機関車で直通運転するため、1997（平成9）年にEH500形の試作機が開発された。

主電動機と台車をEF210形と共通とし、動軸8本の2車体連結でインバータ制御、出力は4000kWであった。1999（平成11）年から量産を開始し、2007（平成19）年からは関門トンネル向けも増備されている。愛称は「金太郎」。

2016（平成28）年に青函トンネルの運用からは外れ、東北本線と関門トンネルを中心に運用されている。

日本海縦貫線を走り抜けるEF510形

EF510形はEF81形の置換用として2002（平成14）年に誕生した交直両用機である。主電動機とVVVFインバータはEF210形と共通とし、1300トン牽引できるよう3390kWの出力を備えている。「レッドサンダー」の愛称を持つ。

2009（平成21）年にはＪＲ東日本が寝台特急「北斗星」「カシオペア」用に500番台を製造したが、寝台列車の運転終了後、ＪＲ貨物に売却されている。

また、九州地区の機関車を置き換えるため2021（令和3）年に300番台が登場しており、今後、増備の予定である。

新幹線共用区間を走るEH800形

2016（平成28）年の北海道新幹線函館開業にともない、青函トンネルのある海峡線は新幹線との共用となるため、新幹線に準じ架線電圧が従来の20kVから25kVに昇圧され、運転保安装置もATC-LからDS-ATCに変更されることになった。

そこで共用区間と在来線の両方で走行できる交流機として、2012（平成24）年にEH800形が開発された。EH500形をベースにし、出力は25kVで4000kW、20kVで3040kWである。ブレーキ装置は回生ブレーキと空気ブレーキを併用している。

（上）日本海縦貫線の主であるEF510形は青森から岡山、名古屋まで幅広く活躍している。赤、青、銀と3色あり目を楽しませてくれる
写真：平出圭

（右）海峡線専用のEH800形は銀のラインが側面で波打つデザインが特徴だが、函館貨物～東青森間でしか見ることができない
写真：平出圭

4-04

貨物列車用ディーゼル機関車

幹線用の主力DF200形ディーゼル機関車

北海道の貨物列車ではDD51形が使用されてきたが、列車密度の高い千歳線では一部のコンテナ列車をDD51形重連にして高速運転する必要が生じていた。

そこで1992（平成4）年、新たに開発されたのがDF200形である。動力伝達方式を電気式（ディーゼルエンジンで発電機を回して発電し、その電気で電動機を駆動する方式）とし、VVVFインバータ制御とするなど高出力化、高効率化を目指すとともに小型軽量化、保守の省力化も図った。DD51形に比べ出力を50%増とした3240psであった。

1999（平成11）年以降は3620psと出力を高めた50番台となり、2005（平成17）年製からはVVVFインバータを変更して100番台となっている。「レッドベア」の愛称が付けられている。

さらに2016（平成28）年には関西本線のDD51形置換用として、100番台を防音改造した200番台を投入している。2023（令和5）年には201号機に名古屋と四日市のラッピングを施し「Ai-Me（アイミー）」の愛称を付けて運行している。

環境にやさしい入換機関車HD300形

国鉄時代に製造された入換機の置換用

非電化幹線用の主力として開発されたDF200形は、力強いフォルムから「レッドベア」の愛称そのもの
写真：植松昌

名古屋と四日市をイメージしたラッピングのDF200-201は、「Ai-Me」の愛称で関西本線用200番台の中でも一番人気　写真：平出圭

として2010（平成22）年に開発されたのが、HD300形ハイブリッド機関車である。「環境にやさしいクリーンな機関車」のコンセプトの元、小型ディーゼルエンジンと大容量バッテリーを併用するハイブリッド（動力協調）システムを導入した。

通常はバッテリーからの電力で主電動機を回すが、大出力が必要となる場合はディーゼルエンジンで発電機を回し不足する電力を供給する。また、ブレーキ時には主電動機を発電機としてバッテリーに充電する回生ブレーキと空気ブレーキの併用である。入換専用機であるため最高速度は45km/h、出力は1080psで、前後両端には添乗用のデッキが設けられている。2014（平成26）年にはバッテリーの保温性を向上させるなどした500番台が登場している。北海道から九州まで各地の貨物取扱駅で40両以上が活躍している。

支線列車と入換の共用機関車DD200形

DD200形は非電化、地方支線の貨物列車牽引と貨物取扱駅での入換の兼用機として2017（平成29）年に誕生した。国鉄時代に製造のDE10形やDE11形の置換用として開発された。VVVFインバータ制御の電気式ディーゼル機関車で、出力は1217ps、最高速度は110km/hで高速走行が可能である。入換作業に配慮して運転台は車体中央部の横向きとし、車端にはデッキが設けられている。

石巻線や高山本線などの地方支線の列車牽引と入換に使用されている。また、水島臨海鉄道やＪＲ九州、京葉臨海鉄道でも番台分けした本形式が導入されている。

構内入換専用のHD300形はハイブリッド車の特徴である静音性に驚かされる。近づいてくるのが分からないほどだ　写真：植松昌

ローカル線の短距離列車牽引と構内入換を兼用するDD200形は、使い勝手がよく仙台から北九州まで各地で活躍している
写真：平野玲音

コラム
column

ディーゼル貨車

国鉄時代の1960（昭和35）年、自走する貨車キワ90形が試作された。非電化、地方支線の貨物輸送を合理化するため、2軸有蓋車の床下に気動車用ディーゼルエンジンと液体変速機を取り付けたもので、数両の貨車を牽引することも可能であった。

車体の両端に運転席を設け、その間を7トン積の貨物室と、燃料タンクなどを設けた機器室に分けた。当初は茶色一色であったが、上半分はクリーム色に塗り替えられている。

九州の妻線で試用されたが、出力が180psと非力で貨車を2両連結するのが精一杯であった。また幹線との接続駅で積荷を載せ替える必要が生じるため、合理化にもあまり寄与しなかった。

1969（昭和44）年には、電化工事の際に電柱に金具などの部品を取り付ける装柱作業用車のキヤ90形に改造され、さらに翌年には自走速度を45km/hに抑え事業用車のヤ390形となり、ディーゼル貨車としては短命であった。

ＪＲ移行後は、旅客会社がレール輸送用の事業用気動車としてＪＲ東海が2007（平成19）年にキヤ97系を、ＪＲ東日本が2017（平成29）年にキヤE195系を製造している。また、2021（令和3）年には砕石（バラスト）輸送用としてＪＲ東日本がGV-E197系を製造しており、今後は自走式の事業用車として増えていくものと推測される。

地方支線の貨物輸送合理化の期待を背負って開発されたが、非力なため計画倒れに終わってしまった
写真：鈴木靖人

第5章

貨車の種類

写真：植松昌

5-01

貨車の種類と形式記号・番号

貨車の種類

現在の貨物列車では、コンテナを積んだコンテナ車と石油を運ぶタンク車ぐらいしか見られないが、国鉄時代末期まではさまざまな種類の貨車が活躍していた。

貨車は大きく有蓋《ゆうがい》貨車、タンク貨車、無蓋《むがい》貨車、コンテナ貨車、ホッパ貨車、事業用貨車、新幹線貨車の7種類に分けられ、さらに構造や用途で細分されている。（77ページの表参照）

有蓋貨車は箱状の車体に屋根が付いた貨車の総称で、構造や積荷で10種類に細分される。タンク貨車はおもに円筒状のタンク体を備えた貨車を指し、一般的なタンク車と、水を運ぶ水運車に分かれる。無蓋貨車は屋根を持たない貨車の総称で、5種類に細分される。コンテナ貨車はコ

戦時中に製造されたワフ25000形を大幅に改造してリニューアルしたワフ35000形は、有蓋緩急車の代表的な形式となった　写真：植松昌

現在の石油輸送の主力をなすタキ1000形は、最高速度95km/hで専用貨物列車だけでなく高速貨物列車としても運転されている　写真：植松昌

ンテナを輸送するための貨車で、すべてコンテナ車となる。ホッパ貨車は車体構造がホッパ（漏斗《ろうと》）状の貨車のことで、ホッパ車と石炭車に分けられる。事業用貨車は鉄道業務に必要な貨物を輸送する貨車の総称で9種類に分けられる。新幹線貨車は新幹線の事業用貨車の総称であり、構造・用途記号を持たない。

貨車の呼び名（称呼）

貨車の呼び名は「形式」「荷重」「構造・用途を表す名称」を重ねたもので表される。ただし、車掌弁（車掌用の非常列車ブレーキ）と手ブレーキを備えた車掌室がある貨車には「緩急車」の名称と形式記号の末尾に「フ」を付け加える。また、タンク車は積荷の名称（専用種別名）を付け加える。

・称呼例

ワラ1形式17トン積有蓋車

ワフ35000形式5トン積有蓋緩急車

タキ1000形式45トン積

ガソリン専用タンク車

貨車の形式

貨車の形式は「構造・用途記号」「荷重記号」「形式番号」を重ねたもので表される。（77ページの表参照）

鉄道創業期、貨車の形式・番号は官設鉄道、各私設鉄道それぞれが独自に付けており、1906（明治39）年の鉄道国有化でさまざまな形式・番号を持った貨車を一元管理しなくてはならなくなった。そこで1911（明治44）年、車両称号規程を制定し、1928（昭和3）年の大幅改訂を経て、現在の形式・番号の基礎が出来上がった。その後は記号の追加などの小改訂があっただけである。

荷重記号は1928（昭和3）年の改訂で追加されたものである。1914（大正3）年、馬の輸送に適した有蓋車に馬運車（馬輸送専用の貨車）の形式記号「ム」を付け加えて「ワム」としたところ、15トン積の有蓋車を表すのにも便利であった。そこで1928（昭和3）年の改訂で荷重記号が導入されることとなり、覚えや

荷重36トンの無蓋車であるためオトキと標記されたトキ25000形は、大型ボギー無蓋車の代表形式である　写真：掘井純一

大量に製造されたホキ2200形は車両番号が2200～2499の後、12200～13059となり、番号から形式が分かりにくい例の一つであった　写真：福田孝行

すいよう「ム・ラ・サ・キ」とされた。

1928（昭和3）年以降の貨車の形式番号は、「構造・用途記号」「荷重記号」の組合せごとに1から番号を付けているが、各形式の両数を見越して間隔を開け、切りの良い番号からとしている。

なお、ディーゼル貨車は2桁の数字を使用し、新幹線貨車は記号を付けず3桁の数字のみとなっている。

・形式番号例
　トキ25000形式
　キワ90形式
　931形式

なお、1928（昭和3）年以前は大きく異なっていた。1911（明治44）年の車両称号規程制定の際、貨車を「有蓋貨車」「無蓋貨車」「石炭貨車」の3グループに大別し、グループごとに1から形式番号を付け、車両番号は形式番号から順に付けていった。最後の車両番号の次の番号を次の形式番号としたため、形式番号は軒並み端数となってしまった。

その後、同じ形式の貨車が増備されると車両番号は関連性のない番号に飛び、新形式の形式番号は大きくなっていった。そのため、1928（昭和3）年の改訂で形式番号の付け方が根本的に見直され、すべての貨車が改番されることとなった。

小文字で表す特殊標記符号

貨車の構造や荷重、車両長さなどを区

検重車のケ10形は、駅や操車場に設置された車両重量を量る橋はかりを検査するための事業用車
写真：掘井純一

新幹線貨車の形式は3桁の数字のみであった。931形はバラスト散布用の工事用車両であることを示している　写真：吉岡心平

別するために設けられたのが特殊標記符号である。構造・用途記号の前後に小文字で標記される。

構造・用途記号

名称		記号	記号の根拠
有蓋貨車	有蓋車	ワ	Wagonの「ワ」
	鉄側有蓋車	ス	Steelの「ス」
	鉄製有蓋車	テ	鉄製の「テ」
	冷蔵車	レ	冷蔵の「レ」
	通風車	ツ	通風の「ツ」
	家畜車	カ	家畜の「カ」
	豚積車	ウ	コラム参照
	家禽車	パ	Poultryの「ポ」
	活魚車	ナ	生魚の「ナ」
	陶器車	ポ	Potteryの「ポ」
タンク貨車	タンク車	タ	Tankの「タ」
	水運車	ミ	水の「ミ」
無蓋貨車	無蓋車	ト	Truckの「ト」
	土運車	リ	砂利の「リ」
	長物車	チ	Timberの「チ」
	大物車	シ	重量品の「シ」
	車運車	ク	車の「ク」
ホッパ貨車	ホッパ車	ホ	ホッパの「ホ」
	石炭車	セ	石炭の「セ」
事業用貨車	車掌車	ヨ	車掌の「ヨ」
	雪掻車	キ	雪掻きの「キ」
	検重車	ケ	検重の「ケ」
	試験車	ヤ	役所の「ヤ」
	職用車	ヤ	役所の「ヤ」
	工作車	サ	工作の「サ」
	救援車	エ	救援の「エ」
	操重車	ソ	操重の「ソ」
	控車	ヒ	控えの「ヒ」

荷重記号

荷重	記号
13トン以下および荷重のないもの	無記号
14～16トン	ム
17～19トン	ラ
20～24トン	サ
25トン以上	キ

車両番号

貨車それぞれの車両番号は、形式ごとに形式番号から順に付けるのを基本としている。ただし構造が異なるなど、必要に応じて番台を分けることもある。新幹線貨車とＪＲ貨物発足後に誕生した新形式貨車は、形式の後にハイフン（-）を付け1から順に番号を付けている。

特殊標記符号

車種	対象	符号	表記例
有蓋車	標記荷重15トンのパレット用有蓋車	ハ	^{ハ}ワム
冷蔵車	天井氷槽のある冷蔵車	テ	レ$_{テ}$
	氷槽のない冷蔵車	ナ	レ$_{ナ}$
通風車	有蓋車兼用の通風車	ワ	ツ$_{ワ}$
タンク車	車体の最大長さが12m以下のタンク車	コ	^{コ}タキ
	車体の長さが16mを超えるタンク車	オ	^{オ}タキ
	アルミニウム製タンク車	ア	^{ア}タキ
無蓋車	標記荷重が17トンおよび15トンと併記してある無蓋車	コ	^{コ}トラ
	標記荷重が18トンおよび15トンと併記してある無蓋車	ス	^{ス}トラ
	標記荷重が36トンと標記してある無蓋車	オ	^{オ}トキ
ホッパ車	車体の長さが12mを超えるホッパ車	オ	^{オ}ホキ
最高速度65km/hの貨車	北海道内で限定運用する最高速度65km/h以下の貨車	㋺	$^{㋺}$ワム
	地域を限定して運用する最高速度65km/h以下の貨車	ロ	^{ロ}ホキ

参考：『日本の貨車』

貨車の塗色と標記

貨車の塗色

貨車の車体色は黒色を基本とし、戦前は、冷蔵車が温度上昇を防ぐ効果を狙い白色または銀色、濃硝酸専用タンク車が銀色であった以外は黒色ばかりであった。1959（昭和34）年に誕生したコンテナ特急「たから」号に用いられた長物車（のちにコンテナ車）は赤3号とされ、貨車のカラー化の先駆けとなった。

翌年登場した側総開き戸式のワム80000形は、従来の有蓋車と区別するため茶褐色のとび色2号とされ、10000系高速貨車は青15号（ワキ10000形のみ黄緑6号）、物資別適合貨車のク5000形は朱色3号、ホキ2200形はクリーム色4号、タキ43000・44000形は青15号など、貨車のイメージアップにも努めた。なお、高圧ガスを運ぶタンク車は法令に従い白色や黄色、灰色に塗られている。また、台枠以下の下回りは、黒色が基本である。

ＪＲ貨物発足後は、コキ100～105形は青灰色、コキ106・107形は灰色、コキ200形は朱色とされている。タンク車も従来の黒色や青15号に加え、エメラル

有蓋車の標記例（ワム80000形）　参考：『日本の貨車』

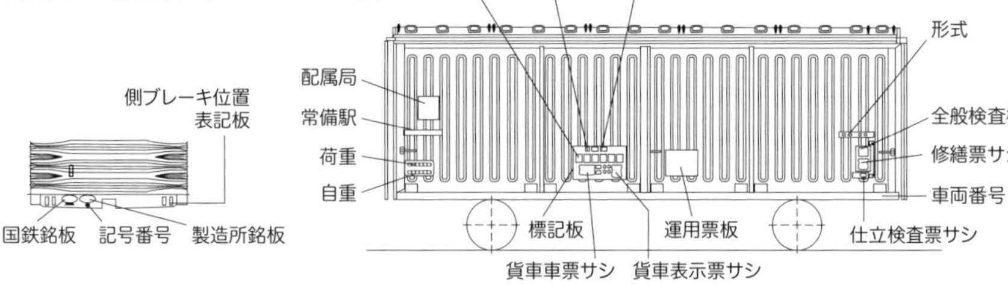

タンク車の標記例（タキ1000形）　参考：『日本の貨車』

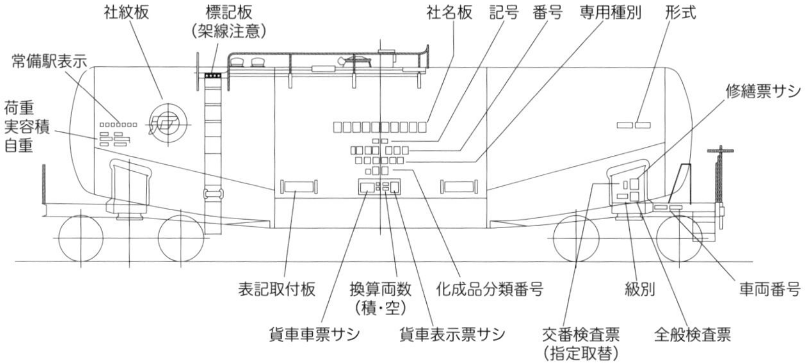

ドグリーンと灰色1号のツートンカラーにするなどカラフルになっている。台車などの下回りは灰色とされている。

車体に記されるさまざまな標記

貨車の車体や台枠には、いろいろな標記が書かれている。現在はコンテナ車にもICタグが取り付けられ管理されていることから、標記は以前より業務上の必要性は低くなってはいるが、今でもその場でさまざまな情報が見て取れる標記は貨物ファンにとってありがたいものである。

貨車に標記されるのは、車両形式番号（符号・形式記号・番号）、荷重、タンク貨車は実容積、無蓋車と長物車は貨物積載高さ、自重（貨車自体の重さ）、換算両数（積、空）、形式名、全般検査（検査年月と次回年月）、検査級数、製造所と製造年を示す製造銘板、「日本国有鉄道」または「日本貨物鉄道株式会社」のロゴマークまたは銘板（私有貨車は車籍の文字を冠す）などである。

また、貨車が特定の鉄道管理局に配属されている場合は配属局の略称を、特定の駅に常備されている場合は常備駅名を標記する。私有貨車は所有者名と社紋、タンク車は専用種別名を、さらに化成品を運ぶタンク車とホッパ車は化成品の危険性を示す文字と化成品分類を示す数字を標記する。加えて、常備駅を臨時に変更する「臨時常備駅」、専用種別を変更する「臨時専用種別」、第三者に貸し出した場合の「第三者使用」の文字とそれぞれの期間を標記する。そのほか、「宅扱」のような特定の用途を示す文字が標記されることもある。

無蓋車の標記例（トキ25000形）

参考:『日本の貨車』

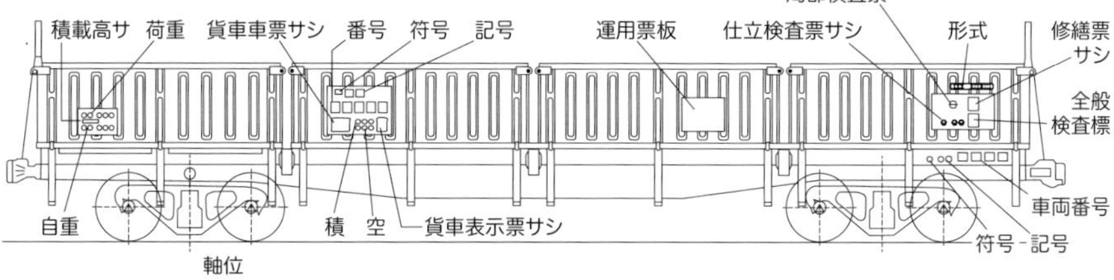

コンテナ車の標記例（コキ106形）

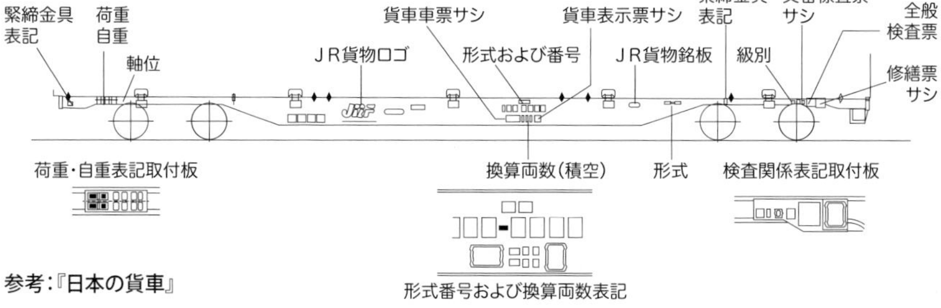

参考:『日本の貨車』

5-03

有蓋貨車

有蓋貨車の種類

屋根付き貨車の総称である有蓋貨車は、有蓋車、有蓋緩急車、鉄側《がわ》有蓋車、鉄製有蓋車、冷蔵車、通風車、家畜車、豚積車、家禽《かきん》車、活魚《かつぎょ》車、陶器車に分けられる。有蓋貨車は2016（平成28）年までにすべて廃車となっている。

有蓋車と有蓋緩急車

有蓋車は屋根が付いた箱状の形をした一般的な貨車で、米など雨水に濡れると困る積荷を輸送するのに使用される。鉄道創業期は木製の車体であったが、1928（昭和3）年からは鋼製車体の内側に木板を内張りするようになった。

有蓋緩急車は有蓋車の一部に車掌室を設けたもので、自動空気ブレーキが採用されるまでは客車列車も含め、緩急車の手ブレーキでブレーキ力を確保していた。その後は、小口貨物の積卸しを各停車駅で行う荷扱手が同乗するなどした。

鉄側有蓋車と鉄製有蓋車

鉄側有蓋車は1925（大正14）年、有蓋車の車体を屋根と床を除いて鋼製としたものだが、車内に内張りがなかったため高温になり結露しやすかったため、車種を分けた。

鉄製有蓋車は、生石灰のように水に濡

側面中央に引戸がある一般的な構造のワム90000形は75km/h走行が可能であり、小口急送貨物列車にも使用された　所蔵：植松昌

生石灰バラ積み輸送用のテラ1形は内面を平滑にするため内張りはなく、柱は外側に配置され引戸も吊戸となっている　写真：植松昌

10000系高速貨車のレサ10000形は、九州～東京・大阪間の鮮魚特急「とびうお」「ぎんりん」で使用された　写真：植松昌

れると発火しやすくなる積荷をバラ積み輸送するためのもので、屋根や床も含めすべてを鋼製としている。

冷蔵車と通風車

冷蔵車は鮮魚や枝肉、冷蔵食品などを輸送するための貨車で、車体を断熱構造として車内の保冷性能を高めている。

通風車は野菜や果物などを輸送するため車内の風通しを良くしたもので、車体全体に通風口が設けられている。

家畜車、豚積車、家禽車、活魚車

家畜車はおもに牛を輸送するための有蓋貨車で、鉄道創業期からあった。車体側面の木板をすかし張りとして風通しを良くし、牛を繋ぐための鉄棒を渡した。

豚は籠に入れ家畜車で輸送されていたが、豚を放した状態で輸送できるよう車内を上下2段に区分した豚積車が1928（昭和3）年に誕生した。輸送中の豚に餌や水を与えるため、車端には付添人室が設けられ、腰掛の下には水槽があった。

鶏やアヒルなどの生鳥も籠に入れられ家畜車で運ばれていたが、積載量が限られていた。そこで車内に5段の棚を設け、引戸を金網張りとした家禽車ができた。

活魚車はアユやフナなどの淡水魚を生きたまま輸送するための専用車で、1931（昭和6）年に誕生した。

陶器車

有蓋車の車内に棚を設け、陶器類を簡単な縄がけでバラ積み輸送できるよう車内に棚を設けたもので、外観は有蓋車と同じである。

ツム1000形は車体周囲全面だけでなく、側引戸にもプレス成形の通風口を設けた。屋根には通風器6個が並んでいる　所蔵：植松昌

牛輸送用の家畜車カ3000形は、鋼製の柱に木板をすかし張りとして通風を良くするとともに牛を繋ぐ鉄棒が渡されていた　写真：掘井純一

ワム90000形の車内に取り外し可能な棚を1段取り付けたポムI形は、形式番号を見ないとワム90000形と見分けが付かなかった　写真：植松昌

タンク貨車

タンク貨車の種類

タンク貨車は水を除くさまざまな液体や粉体を輸送するタンク車と、水を輸送する水運車に大別される。タンク車はすべて記号「タ」で表されるが、ここでは積荷の種類に応じ石油系タンク車、化成品タンク車、高圧ガスタンク車、粉体タンク車に分けて説明する。

石油系タンク車

ガソリンや灯油、重油など石油系の積荷を輸送するタンク車で、1895（明治28）年ごろ山陽鉄道の私有車として神戸地区で輸入灯油のバラ積み輸送に使用されたのが始まりとされている。当時は荷重6〜10トンと小型であったが、徐々に大型化され、30トン車や35トン車が数多く製造された。現在は荷重43トンのタキ43000・44000形や44トン積のタキ43000形243000番台、45トン積のタキ1000形が運用に就いている。

化成品タンク車

わが国の化学工業の発展とともに、化成品のタンク車輸送も始まった。1914（大正3）年に製造された硫酸専用車が最初である。その後、ベンゾールや二硫化炭素、濃硝酸、カセイソーダ、塩酸、アルコールなどさまざまな酸・アルカリ品や有機化成品が輸送され、その物性に応じた構造のタンク車が製造されたが、現在はコンテナに置き換えられてしまった。

高圧ガスタンク車

高圧ガスタンク車の歴史は古く、1901（明治34）年に関西鉄道の客車照明用のピンチガス（オイルガスの一種）を輸送したのが始まりである。その後は戦前に液化アンモニア、戦後に液化塩素

タキ3000形はタンク車のイメージそのものを体現している。比重の小さい石油系のタンク車は車長が長いのが特徴　写真：植松昌

専用車が製作された。さらに1960（昭和35）年から液化石油ガスのLPガス専用車が製造され数を増やしたが、すでに全車廃車となっている。

粉体タンク車

戦後の経済復興にともない、1951（昭和26）年から粉体であるアルミナをタンク体にバラ積みし輸送した。その後、セメントや塩化ビニル、小麦粉などを輸送するタンク車が製造された。セメントはホッパ車でも数多く製造されており、車体の形状で分けられてはいるが混在している。国鉄時代に製造されたセメント専用のタキ1900形が今でも使用されている。

ＪＲ貨物になってから誕生した亜鉛焼鉱専用のタキ1200形やセメント専用のタキ1300形が国鉄時代の車両の置換用として新製されている。

水運車

水質の悪い地域に良質の水を輸送するためのタンク貨車であるが、実態は水質の悪い地域の機関区に蒸気機関車用の水を運ぶ事業用車であった。廃車となった蒸気機関車のテンダー（炭水車）を転用し、改造したものもあった。水運車は国鉄時代に姿を消している。

タキ29000形は積荷の濃硝酸が鉄やステンレスを腐食するためタンク体はアルミニウム製で、銀色に塗られていた　写真：植松昌

国鉄時代のタキ15600形の代替として製造されたタキ1200形は、一緒に運用されていたトキ25000形にあわせ赤茶色とした　写真：福田孝行

高圧ガスの液化塩素専用のタキ5450形は、法令により黄色に塗られている。タンク体はボイラ用鋼板が使用されていた　写真：植松昌

ミム100形は国鉄末期まで各地に点在していた。ミム157は福岡市の渇水の際に水を輸送した記録が残っている　写真：植松昌

5-05

無蓋貨車

無蓋貨車の種類

屋根のない貨車の総称である無蓋貨車は、無蓋車、無蓋緩急車、土運《つちうん》車、長物《ながもの》車、大物《おおもの》車、車運車に分けられる。ＪＲ四国にトロッコ列車用に改造されたトラ45000形無蓋車が1両あるが、貨物輸送用として現存するのは長物車と大物車だけである。

無蓋車と無蓋緩急車

無蓋車は屋根のない箱形をした貨車で、雨に濡れても差し支えない石炭や鉱石、木材などの輸送に用いられた。有蓋車とともに鉄道創業時から使用されていた。車体を鋼製にすると雨水で腐食してしまうため木製が主流であったが、1962（昭和37）年に初めて全鋼製としたトラ55000形が登場すると、以後は鋼製となった。1964（昭和39）年からは木材チップや鋼板コイル、原木、鉱石など各種の物資別適合貨車に改造されたが、無蓋車のままとされている。

無蓋緩急車は無蓋車の一端、もしくは中央に車掌室を設けたもので、石炭輸送列車の緩急車として使用された。

土運車

土木工事用の土砂や砕石を輸送するための貨車で、おもに線路建設工事に用いられた。鉄道開業前から建設工事に使用された最古の貨車とも言えよう。

無蓋車で初めて全鋼製としたトラ55000形は、自重を軽くすることで18トン積とした。符号の「ス」はスチールから取られたもの　写真：植松昌

トムフ1形は戦時中の石炭列車で可能な限り石炭の輸送量を増やすため製造されたが、戦後は車掌室が撤去されている　所蔵：吉岡心平

鋼製の土運車であるリム300形は荷台を45度まで傾けることができ、短時間での土砂を取り卸すことができた　所蔵：植松昌

長物車

長物車は木材やレールなどの長尺物を輸送する無蓋貨車で、車体は床板のみで荷崩れを防止するため柵柱と呼ばれる柱が備えられている。戦時中は軍事輸送を想定し、急行列車並みの走行性能を持つものもあった。

無蓋車と同様、1966（昭和41）年から鋼片や長尺鋼材、鉄鋼コイル、ラワン材などの物資別適合貨車が登場したが、すでに廃車となっている。現在はレール輸送用としてチキ5500形、チキ6000形などが使用されている。

戦前製の代表的な長物車のチキ1500形は、有事に備え旅客列車に準じた85km/h走行が可能なTR24台車を履いていた　写真：掘井純一

シキ800形は運用効率を高めるため汎用性を持たせた大物車である。写真は吊掛式の梁を取り付けたシキ801B1　写真：植松昌

乗用車輸送用に国鉄が開発したク5000形は貨物輸送近代化の花形とされたが、石油ショックなどの影響で消え去ってしまった　写真：掘井純一

大物車

大型の変圧器やタービンなどの特大重量貨物の輸送や、鉄道車両の新製回送に用いられる貨車である。

低床式、落し込み式、吊掛式、分割低床式、平床式の5タイプに分けられる。それぞれ現存するが、低床式と平床式があるシム1形は新幹線輸送用の連結器を備えた遊車（介在車）として使用され、積荷を積載することはない。

車運車

自動車輸送用の貨車で、1962（昭和37）年にシム1000形が開発された。当初は大物車に分類されていたが、1965（昭和40）年の称号規程改訂で車運車「ク」が制定されクム1000形となった。自動車輸送の将来性から翌年には国鉄もク5000形を量産し、輸送近代化の花形となった。

国鉄末期の1986（昭和61）年にはピギーバック輸送用としてクム80000形が、ＪＲ貨物発足後の1989（平成元）年にはクム1000・1001形が誕生したが、すでに全車廃車となっている。

5-06

コンテナ貨車

コンテナ貨車の種類

コンテナ貨車はコンテナ輸送用の貨車で、コンテナ車と車掌室の付いたコンテナ緩急車がある。現在はＪＲ貨物発足後に製造された最高速度110km/hのコンテナ車だけとなっている。

75km/h系、85km/h系コンテナ車

1959（昭和34）年の「たから」号運転にあわせてコンテナ専用のチキ5000形が開発された。当初は長物車に分類されていたが、1965（昭和40）年の称号規程改訂でコンテナ車「コ」が新設されコキ5000形となった。最高速度は85km/hであった。翌年からは改良版のチキ5500形（のちのコキ5500形）が量産されている。

地方都市間での少量コンテナ輸送用として1962（昭和37）年にチラ1形（のちのコラ1形）が誕生したが、2軸貨車であるため最高速度は75km/hであった。

95km/h系コンテナ車とコンテナ緩急車

コキ10000形の廉価版として、最高速度を95km/hに抑えたコキ50000形が1971（昭和46）年から量産された。5トンコンテナ5個または10トンコンテナ3個が積載でき、5トンコンテナと10トンコンテナの混載も可能であった。汎用性

チキ5000形コンテナ専用長物車の試作車。車端部に手ブレーキハンドルが設けられたが、操作性が悪いため側面に移設された
写真：鈴木靖人

最高速度は95km/hではあるが、汎用性が高く重用されたコキ50000形。長さ12ftの5トンコンテナが5個積載できた
写真：植松昌

が高く、2018（平成30）年まで一線で活躍していた。コキ50000形の一端に車掌室を設けたのがコキフ50000形コンテナ緩急車で、コキ50000形と一緒に誕生している。

100km/h系コンテナ車とコンテナ緩急車

最高速度100km/hの10000系高速貨車の一員として、1966（昭和41）年に5トンコンテナ5個積のコキ10000形コンテナ車と、4個積でユニット式の車掌室を備えたコキフ10000形コンテナ緩急車が誕生した。

当時の5トンコンテナは長さ3250mm（10ft相当）であったが、1971（昭和46）年からは長さ12ftが標準となり、1974（昭和49）年から12ftコンテナ4個積と3個積にそれぞれ改造されている。一部を除き10トンコンテナが積載できず、積載効率の悪い車両であった。

110km/h系コンテナ車

コンテナ列車のさらなる速達化を進めるため、最高速度110km/hの4両ユニットのコンテナ車、コキ100形（中間車）とコキ101形（両単車）が1988（昭和63）年より量産された。翌年には改良版のコキ102・103形と単独で運用できるコキ104形が誕生し、その翌年には2両ユニットのコキ105形が製作された。

1997（平成9）年からはコキ104形を改良したコキ106形が、さらに2006（平成18）年からはコキ107形が量産されている。2000（平成12）年には化成品をタンク車からコンテナ輸送に転換するため、荷重48トンのコキ200形が登場している。

国際海上コンテナ輸送用コンテナ車

国際海上コンテナ用は1967（昭和42）年に試作されたコキ9100形をベースに、翌年からコキ1000形が量産された。ＪＲ貨物になってからはコキ104形の国際海上コンテナ対応車やコキ106・107形が使用されている。また、ハイキューブ（背高）コンテナ対応として低床式のコキ73形が2021（令和3）年から運用に就いている。

ユニット式の車掌室を備えたコキフ10000形。長さ3250mmのコンテナ用に設計されたため、12ftコンテナは3個しか積めなかった　写真：福田孝行

背高の国際海上コンテナ輸送用として開発が進むコキ73形。車体中央部が40ftの長さにあわせて低床となっている　写真：植松昌

5-07

ホッパ貨車

ホッパ貨車の種類

ホッパ貨車は車体がホッパ構造をしたバラ積み輸送用の貨車で、石炭以外を輸送するホッパ車と石炭輸送用の石炭車、石炭車の一端に車掌室を設けた石炭緩急車に分けられる。石炭車はすべて廃車されたが、ホッパ車は今でも健在で、ホキ1100形やホキ2000形が名古屋地区で使用されている。

有蓋ホッパ車

雨水を嫌うセメントや生石灰、穀物などの粉体または粉粒体を輸送する屋根が付いたホッパ構造の貨車である。

1952（昭和27）年に、小河内ダム建設用に東京都水道局が所有したセメント輸送用の私有貨車タキ2200形が最初である。1953（昭和28）年の称号改訂でホッパ車が制定されホキ1形となり、1963（昭和38）年の改番を経てホキ3500形となった。積荷を軌間（線路内）に落下させる底開き式であった。1965（昭和40）年には物資別適合貨車として穀物輸送用のホキ2200形が量産された。また1970（昭和45）年には、生石灰を側面両側から取り卸すホキ2800形が製造されている。2015（平成27）年には、フライアッシュ及び炭酸カルシウム専用のホキ1000形の置換え用としてホキ1100形が製造されている。

無蓋ホッパ車

ホッパ構造をした屋根のない貨車で、構造的には石炭車と大きな違いはない。古くから、石炭車に類別されていた石灰

(上)最初のホッパ車であるホキ3500形は底開き式であった。小河内ダム建設用の車はダム完成後日本セメント所有となった　写真:掘井純一

(右)ホッパ車に類別されたホキ10000形は近代的な外観をしていた。輸入石炭を運ぶため一挙に250両がまとめて製造された　写真:植松昌

石輸送専用車などが散見されてはいた。ホッパ車の記号制定後は、レール道床に敷くバラスト（砕石）散布用のホキ800形や石灰石輸送用のホキ9500形が誕生している。1980（昭和55）年に製造された私有貨車のホキ10000形は、石炭専用ではあるが私有貨車に石炭車が存在しなかったためホッパ車に類別された。2011（平成23）年からはホキ9500形の置換え用としてホキ2000形が製造されている。

底開き式石炭車と石炭緩急車

九州（筑豊）地区の石炭車は古くから底開き式の2軸車であった。1893（明治26）年に九州鉄道がイギリスから輸入したのが始まりで、石炭の積出港である北九州の若松港石炭桟橋の取卸しが石炭を軌間に落とす方式であったため、その後も底開き式の石炭車が使用された。

石炭車の一端に車掌室を設けた石炭緩急車は、石炭積込場の寸法の制約から車掌室も背が低い造りであった。

側開き式石炭車

北海道の石炭輸送は当初、無蓋車を使用していたが、石炭積出港の手宮港と室蘭港の高架石炭桟橋の完成にあわせ、1911（明治44）年にオテセ9500形（のちのセキ1形）を製造した。桟橋の石炭取卸しがレール両側に落とす方式であったため側開き式となり、量産車で初めてボギー台車を採用した荷重24トン（後に30トン積に改造）の大型ボギー車であった。北海道では以降も側開き式のボギー車が製作され続けた。

九州の底開き式石炭車の完成形であるセラ1形。ホッパ下部は2つに分かれていて、側面から見るとW型をしていた　写真：植松昌

北海道の石炭輸送に活躍したセキ6000形。側面の下部全体が扉となっており、上部を支点に開いて石炭を線路両側に卸す　写真：植松昌

5-08

事業用貨車

事業用貨車の種類

業務用貨車の総称である事業用貨車は9種類に細分できる。現存するのは車掌車だけである。

車掌車

車掌弁と手ブレーキを備えた車掌乗務用の車両で、貨物を積載する貨物室を持たない。小口貨物を輸送する列車で緩急車に数人の荷扱手が同乗すると手狭になるため、1927（昭和2）年に旧式客車を改造した車掌車が造られた。1937（昭和12）年からは新製車が製作されるようになった。

雪掻車

線路上の雪を除雪する雪掻車には、くさび状の前頭部で雪を両側または片側に排雪するラッセル雪掻車、前頭部の羽根車で雪を側面遠方に飛ばす回転（ロータリー）雪掻車、駅構内など広範囲を除雪する広幅（ジョルダン）雪掻車、回転雪掻車で雪を飛ばすため両側面の雪を線路上に掻き寄せる掻寄（マックレー）雪掻車がある。雪掻車は通常、機関車に押されて進むが、掻寄雪掻車だけは機関車に牽引され進む。

検重車

駅や操車場に設置された車両重量を量る橋はかりを検査するもので、検査に必要な分銅などを輸送する。

ヨ8000形は車掌室が中央にコンパクトにまとめられた。車掌車で初めて便所が設けられるなど、乗務環境の改善が図られた
写真：植松昌

羽根車の遠心力で雪を遠方に飛ばすキ600形回転雪掻車。前後の機関車の間に掻寄雪掻車と回転雪掻車を入れ編成したキマロキが有名　写真：植松昌

試験車と職用車

試験車には、貨車の走行特性を試験し脱線現象を調査する走行特性試験車や、線路状態を測定する軌道検測試験車、荷崩れを研究する積付《つみつけ》試験車、レールの傷を調査するレール探傷試験車などがある。

職用車には、軌道の更新工事用や電化工事用、除草剤散布用、信号機器輸送用などがある。

工作車と救援車

工作車は建設現場に工作機械や工事材料を輸送する事業用車である。

救援車は事故復旧に使用する機械工具や資材を常備し、事故発生時には現場に向かう車両である。

操重車

操重車はクレーンを備えた貨車のことで、クレーンを動かす動力や運転装置も備えられている。橋桁架設用と事故救援用、レール積卸用の3種類がある。最初の操重車は1920（大正9）年に製造されたオソ10形（のちのソ1形）で、橋桁の新設や交換に使用される橋桁架設用であった。事故復旧用は脱線転覆した車両を吊り上げるもので、機関車用と客貨車用があった。レール積卸用は長物車で輸送したレールの取り卸しに使われた。

控車

控車は、連絡船に貨車を積卸しする際に使用する航送用と、貨物取扱駅での入換作業に使用する構内用がある。航送用は連絡船と陸上の線路を結ぶ可動橋に重たい機関車が入らないよう、航送する貨車との間に連結する遊車（中間車）で、構内用は構内の入換合図を確認しやすくするため構内作業掛が乗車した。

ヒ600形は航送用と構内用の両タイプがあったが、これは構内用のため構内作業掛用の小屋が設けられている
写真：植松昌

ソ80形は機関車事故救援用の操重車で、65トンまでの機関車を吊り上げるため客貨車用に比べブーム（腕）が短い
写真：植松昌

5-09

新幹線貨車

新幹線貨車の種類と形式番号

新幹線貨車はすべて事業用車であり、試験車、工事用車、救援車に分けられる。

新幹線車両の形式番号は3桁の数字で表され、事業用車の百の位は「9」となる。十の位は種類を表し、試験車は「2」、工事用車は「3」、救援車は「4」となる。

新幹線貨車は現在では機械扱いの後継車に置き換わるか、除籍され機械扱いとなっている。

試験車

試験車は1964（昭和39）年に登場した923形レール探傷車が唯一である。モーターカーに牽引されながら、超音波を利用してレールの傷を探知する。探傷精度の向上を目指し改良が加えられ、1972（昭和47）年からは付随車（機械扱い）との2両ユニットで使用された。

工事用車

工事用車は新幹線建設工事のバラスト散布用に、新幹線で最初に製造された車両である。1961（昭和36）年に3000形（のちの931形）として誕生し、在来線のホキ800形と同一構造であった。

翌年には軌《き》框《きょう》敷設車の5000形（のちの932形）が製造された。軌框とは枕木を取り付けた梯子状のレールのことである。全長40mとなる主桁を備え、その直下にある台形の移動桁で後方の25m軌框を吊り上げ、移動桁を前方に移動させ路

（右上）レール探傷試験車の923形は、写真右側に見える機械扱いの付随車と一緒に使用されていた　所蔵：植松昌

（右）東海道新幹線の建設工事で活躍した軌框敷設車の932形。軌道構造の変化により、山陽新幹線ではあまり使用されなかった　写真：吉岡心平

939形編成図

参考:『日本の貨車』

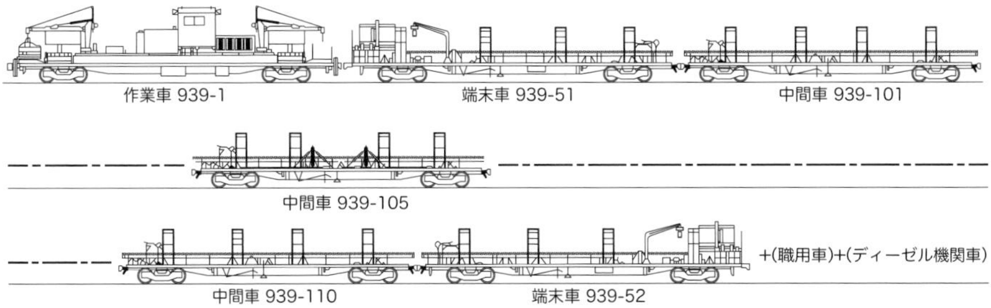

盤上に軌框を降ろす。既存レールと軌框をつないだ後、自走して前進する。おもに東海道新幹線の建設工事に従事した。

1971（昭和46）年にはロングレールの輸送交換車の939形が製造され、作業車、端末車、中間車、職用車の14両編成が911形ディーゼル機関車に牽引された。200mロングレール16本を施設現場まで運んで取り卸し、旧レールを積み込む車両であった。作業車にはレールを積卸しするためのクレーンやディーゼルエンジン、レール巻取機、操作室などが設けられた。実際には、作業速度が遅いなどの理由から使用されなかった。

救援車

新幹線開業時、脱線などの事故が発生した場合に備え、クレーン自動車を載せて事故現場に急行する942形救援車が1965（昭和40）年に製造された。当時は道路事情が良くなかったため、線路上を走行した方が早く到着できると考えられたようである。線路外からも作業できるようクレーン自動車を載せて運ぶようにしたため、低床式大物車と類似した構造であった。

自動車のクレーン車を載せて線路上を走行しようとした942形救援車。実際に使用されたことはなかったようだ　写真:吉岡心平

豚積車の形式記号はなぜ「ウ」なのか

豚積車の記号が豚とは関係なさそうな「ウ」となっているのはなぜだろう。

豚は1920（大正9）年ごろには籠に入れられ家畜車で運ばれていた。しかし、豚にとって良い輸送状態とは言えず、豚を放した状態で輸送できる貨車が求められ、1928（昭和3）年にカ24850形（のちのウ1形）が小家畜輸送用家畜車として製造された。車内には棚が設けられ、車端には付添人室もあり、従来のおもに牛を輸送する家畜車とは大きく異なる構造であった。

同年に実施された車両称号規程の改訂で、牛輸送用の家畜車と豚などの小家畜輸送用は分けられることになり、牛輸送用の家畜車を「牛積車」と変更し、記号は牛の「ウ」にしようとした。

ところが、牛輸送用の家畜車は600両以上もあるのに対し、小家畜輸送用は70両しかなかった。記号を書き直す手間を考えると、小家畜輸送用を書き直す方がはるかに手間が省けるため、小家畜輸送用を「豚積車」とすることにした。しかし、記号を豚の「ブ」または「フ」にすると緩急車を表す「フ」と重なってしまうため、記号「ウ」を流用することにした。そのため、豚積車の記号は「ウ」になったのである。

上下2段に豚が載せられているウ500形。豚を放した状態ではあるが、かなりすし詰め状態で輸送されている
写真：掘井純一

第6章

貨車の構造

写真：植松昌

6-01

有蓋貨車の車体構造

有蓋車の各部名称と車体構造

有蓋貨車の代表である有蓋車の各部名称を図に示す。有蓋車の車体は土台となる台枠の周囲に柱を立て、レールと平行な長手方向の側板《がわいた》とレールに直角方向の妻板で四方を囲み、積荷を雨水から守るため上部に屋根が設けられている。

当初は木製車体であったが、1928（昭和3）年からは側板と妻板を鋼製とし、柱を内側に立て木板（内羽目板）を内張りして空間を設け、温度上昇の対策とした。1958（昭和33）年のワム70000形からは屋根も鋼板製となった。

積荷を貨車に積卸しする出入口の側戸《がわと》口《ぐち》は長らく1枚の引戸であったが、ワム70000形からフォークリフト荷役がしやすいよう両開き式となり、さらにワム80000形からはパレット積貨物の荷役を念頭に、側面すべてを引戸とする側総《がわそう》開《ひら》き戸式となっている。

冷蔵車の冷却方式と断熱方法

冷蔵車は冷却方法によって氷槽式と無氷槽式に大別される。氷槽式は妻面または天井に設けられた氷槽（氷を蓄える容器）に氷やドライアイスを入れ、車内全体を冷却する方法で、無氷槽式は氷槽を設けず、氷を魚と一緒に魚箱に詰める「抱き氷」で冷やす方法である。氷槽式は輸送のたびに氷を補充する必要があり、「抱き氷」が一般的な魚の輸送では車内

有蓋車の各部名称

参考:『日本の貨車』

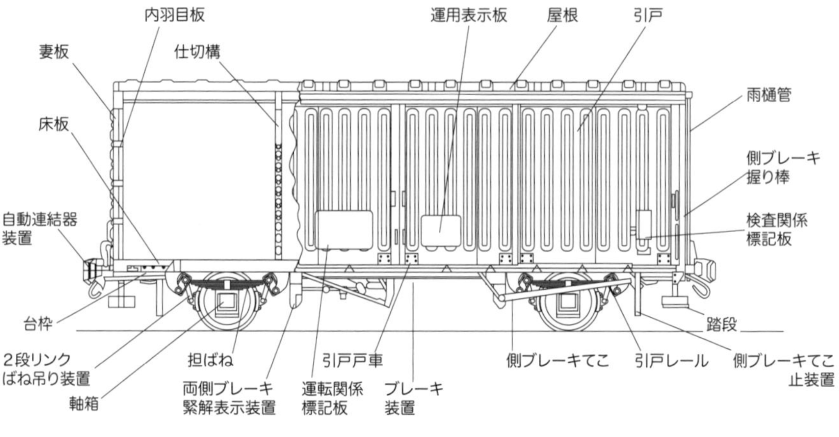

が氷槽のないぶん広い無氷槽式の方が好まれた。

また冷蔵車は高い断熱性能が求められ、外板と内板の間にコルクやグラスウールなどの断熱材を埋め込んだ。さらに側戸口は気密構造とするため両開きの開戸とし、あわせ目にはフェルトなどを張っている。床はスノコ状として中央部を低くし、中央には溶けた氷の水はけを考慮して排水管を設けた。

通風構造

通風車や家畜車、豚積車、家禽車はいずれも通風性能が求められた。木製車体の通風車では外板と内羽目板を互いに少しずらしていたが、鋼製では側板と妻板の両方に鎧戸風の通風口を備えた。また家畜車や豚積車、家禽車は木製の側板をすかし張りとし、さらに家禽車の側引戸は金網張りであった。なお、家畜車と豚積車は床に排泄物の排出口が設けられていた。

活魚車の車内設備

活魚車は車内の床上に4個の魚槽を、天井に2個の貯水槽と空気槽を備え、ポンプで貯水槽に上げた水をシャワーで魚槽に散水した。また、空気を魚槽の底から気泡にして吹き込んだ。車端には付添人室が設けられ、操車場などで長時間停車する場合に備え酸素ボンベを装備し、付添人が水温や酸素の調整を行った。

(左)パレット荷役用に側面すべての引戸が開くようにしたワム80000形。ワム80100は量産車のトップナンバー
写真:植松昌

(左下)冷蔵車の内側は腐食防止のためステンレス鋼や高耐候性鋼板とされ、床には跳上げ式のスノコ状の桟が設置されている　所蔵:植松昌

(下)活魚車の室内には4個の魚槽があり、ポンプで汲み上げた水を天井部分からシャワーで散水するようになっていた
所蔵:植松昌

6-02

タンク貨車の車体構造

タンク車の各部名称

タンク貨車のほとんどを占める、私有タンク車の各部名称を図に示す。タンク車は、台枠上に設けられたタンク体に各種の液体や粉体を入れてバラ積み輸送するものである。

タンク体形状

タンク体は細長い直円筒形を基本としていたが、輸送効率を改善するため1960年代（昭和35〜44年）からタンク体中央部を太くし荷重を増やした異形胴のタンク体が広まった。タキ35000形のように中央部を上下均等に太くした葉巻形（紡錘形）や、タキ9900形のように両端の細い円筒部と中央の太い円筒部を上部が直線状となるよう結んだ魚腹形、タキ43000形のように中央の太い円筒部に向け両端から徐々に太くなっていく鯨腹形など、さまざまな形態があった。

魚腹形や鯨腹形では中央部が台枠と干渉するのを避けるため、台枠は両端部だけとして中央部はタンク体で強度を保つフレームレス構造とするものも多かった。

タンク体材質と内面処理

タンク体は一般的には鋼でできているが、積荷の種類や物性に応じて硝酸など鋼を腐食する化成品では、タンク体の腐食防止と積荷の品質を保持するためアルミニウムやステンレス鋼製のタンク体としている。また、液化塩素やLPガスなどの高圧ガスタンク車ではボイラ用のボイ

タンク車の各部名称

参考：『日本の貨車』

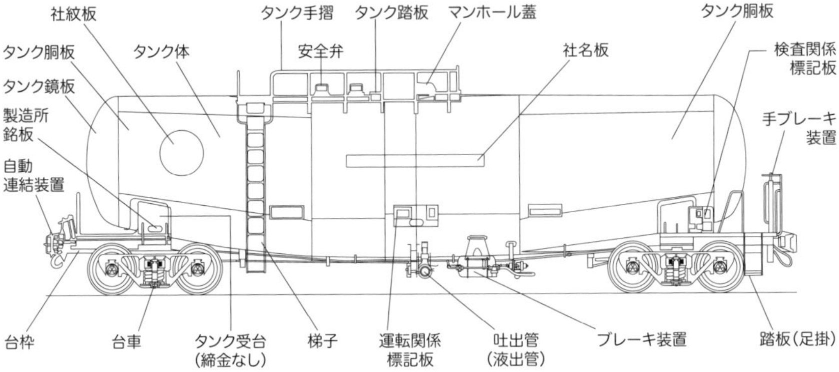

ラ鋼や高張力鋼が使用されている。

ほかにも、塩酸やカセイソーダ液専用タンク車などでは、普通鋼製のタンク体の内面に鉛板やゴム、ステンレス薄板などを貼り付けるライニングや、エポキシ樹脂塗料などを塗るコーティングで被膜し防食処理を施している。

付属設備

タンク車は荷役装置や安全弁、断熱・加熱装置などの付属装置を備えている。

積荷は一般的にタンク体上部のマンホールから積み込まれるが、取り卸しは積荷の種類により下部と上部に分けられている。石油系やセメントなど危険性が低いものはタンク中央下部の吐出管や排出装置から取り卸されるが、化成品など危険性の高い積荷は上部の液出管から取り卸される。

粉体タンク車を除き、積荷から発生するガスでタンク内圧力が上昇するのを防ぐため、一定の圧力になるとガスを外部に逃がす安全弁が備えられている。

また積荷の物性により、輸送中に積荷の温度が下がると粘度が上がったり、固化したりするものがある。逆に温度が上がると品質が劣化してしまうものもある。これら温度保持が必要な積荷を輸送するため、タンク体周囲に断熱材を巻き薄鋼板で覆ったものもある。さらに、取り卸しを容易にするため、タンク体内部に蒸気加熱管を配し、取卸し時に外部より高温蒸気を加熱管に通して積荷を加温するものもあった。

(左)葉巻形異形胴のタキ35000形は車両メーカーが共同設計した標準タンク車で、35トン積のガソリン専用車の決定版と言えよう　写真:植松昌

(左下)塩酸はほとんどの金属を腐食するため、塩酸専用のタム5000形はタンク内面をゴムでライニングしている　写真:植松昌

(下)アスファルト専用のタキ9200形は、荷卸しの際に加熱溶融するため、オイルバーナーを使用した焔管式過熱管と煙突を備えていた　写真:植松昌

6-03

無蓋貨車の車体構造

無蓋車の各部名称と車体構造

無蓋貨車で代表的な無蓋車の各部名称を図に示す。無蓋車は有蓋車と同様、台枠の周囲に柱を立て四方を側板と妻板で囲んだが、雨水にさらされても差し支えない積荷の荷役がしやすいよう、屋根は設けられなかった。妻板は固定されているが、側板は中央で左右に分かれ、それぞれ全体が下側に倒れるあおり戸となっている。1920年代（大正9〜昭和4年）までは側板中央部が左右に開く観音開きで、両側下部の板数枚だけが下に開くあおり戸となっている構造のものもあった。

車体は木製が主流であり、石炭輸送を想定した無蓋車は車長が短く側板の高さが高いのに対し、木材輸送を想定したものは車長が長く側板は低かった。

さまざまな物資別適合貨車に改造され、木材チップ輸送用のトラ90000形では金網製の箱状の柵を、冷間圧延鋼板コイル輸送用のトキ21500形ではコイル受台と門形覆いを取り付けるなど、無蓋車とは言えないような改造車もあった。

土運車の車体構造

土運車は無蓋車と類似しているが、土砂の積卸しを考え、側板は低くなっている。また、荷台が転倒するようなものも製造された。

長物車の車体構造

長物車は台枠上に床板を張っただけで側板や妻板はなく、床にはまくら木が設けられていた。側面には荷崩れ防止用の柵柱が立てられるようになっていた。また、木材やレールなどの長尺物を輸送するため、早くからボギー車が主流であっ

無蓋車の各部名称

参考：『日本の貨車』

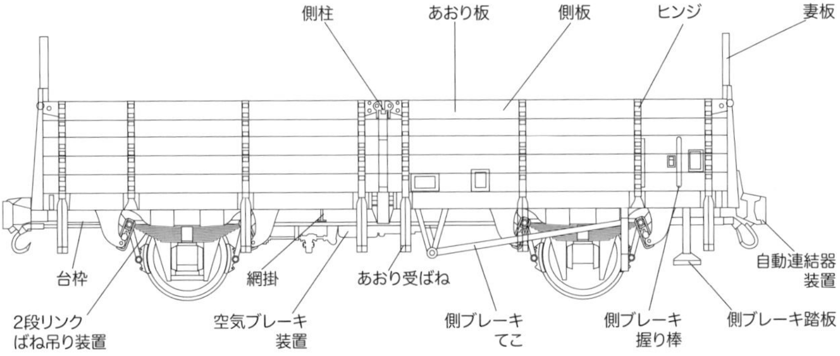

木材チップ輸送用のトラ90000形はトラ23000・35000形に金網製の柵を取り付け、物資別適合貨車としたもの　写真：植松昌

チキ5450形は150mレールの輸送において、9両編成の中央でレールを固定する緊締装置を備えた緊締車であった　写真：植松昌

た。無蓋車と異なり、1929（昭和4）年に登場したチキ1000形から鋼板床となっている。

長物車も無蓋車と同様、鋼片や鋼板、ラワン材輸送用の物資別適合貨車に改造されているほか、レール輸送用にレールを固定する緊締装置を備えたものもある。

大物車の車体構造

大物車は大きな積荷を輸送するため種々の構造がある。車体中央部を低くした低床式、中央部に積載口を設け積荷を落とし込んで輸送する落とし込み式、前後に分割した大物車の間に積荷を吊りかけ、積荷を車体の一部とする吊掛式、車体中央の低床部が吊掛式のように分離できる分割低床式、遊車として使用するため長物車と同形態の平床式がある。

なお、大物車は重量物を運ぶため頑丈にできており、積荷と自らの重さを数多くの車輪で支えているのも特徴である。

車運車の車体構造

積荷の積卸しは一般的に側面から行われるが、車運車の場合は編成の妻面から自動車が自走して乗り込む方式が大多数であった。そのため、隣の車運車へ移る渡り板が設けられていた。

乗用車は上下2段に積載され、可動式のランプウェイを据え付けて行った。トラックは低床構造とした1段積みのピギーバック方式で行われ、短期間ではあったが石油タンクローリーのトレーラー部分を輸送したものもあった。

可動式のランプウェイを使用し、妻面から乗用車が自走してク5000形に載せていく。下段はスロープを下げて載せる　出典：国鉄パンフレット『自動車積専用貨車 ク5000』

都心の交通渋滞を避けるため行われていたクキ1000形によるタンクローリー輸送は5年ほどで終了してしまった　写真：植松昌

6-04

コンテナ貨車の構造と緊締装置

コンテナ車の各部名称

コンテナ車は地方都市間輸送用の一部を除き、5トンコンテナ5個が積載できるよう全長18m以上のボギー貨車となっている。コンテナ車の各部名称を図に示す。

コンテナ車の構造

コンテナ車は台枠の上にコンテナを固定する緊締装置を設けた平床構造となっており、一見すると長物車に類似している。そのため構造・用途記号にコンテナ車が定められるまでは長物車とされていたが、構造的には大きく異なる。

長物車は台枠の長手方向中央にある魚腹形の中梁で積荷の重量を支える構造としているが、コンテナ車はコンテナと積荷の重量を台枠の両側にある側梁で受けるため、側梁を魚腹形としている。これは低床式などを除いたコンテナ車に共通

コンテナ車の各部名称
参考:『日本の貨車』

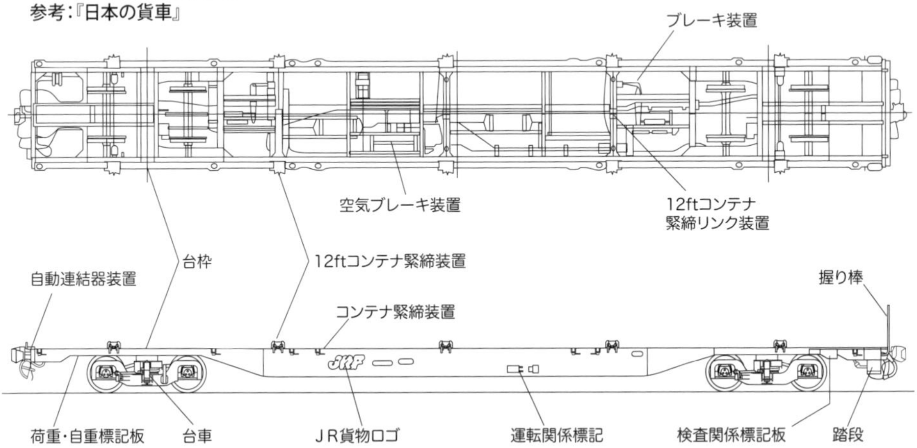

コンテナ車は側梁が魚腹形となっているのが特徴。コキ100系の塗色はスカイブルーであったがコキ106形からは灰色に　写真:植松昌

する構造である。

5トンコンテナ用緊締装置

1959（昭和34）年のコンテナ輸送開始にあたり、コンテナをコンテナ車に確実に固定し、容易に着脱できるコンテナ固定装置の試用が進められた。その結果、コンテナには単純なアンカ（凸型金具）を、コンテナ車には施錠装置を内蔵し手動で解錠するリンク機構を備えた緊締金具（凹型金具）のアンカ式緊締装置を使用することとなった。

5トンコンテナをコンテナ車に積載する際は、コンテナのアンカを緊締装置の位置にあわせて上から下ろすだけで自動的に緊締される。解錠する場合は手動の解放リンク装置を所定の位置に引くことで肘（ナックル）が開き、コンテナを持ち上げ取り卸すことができる。これは日本の鉄道輸送独自の方式である。

10トン・国際海上コンテナ用緊締装置

長さ20ft以上の10トンコンテナや国際海上コンテナには、コンテナ四隅の上端と下端にISO規格の隅金具が取り付けられており、これを緊締することでコンテナ車に積載固定する。

コンテナ下部の隅金具下面にある小判形の穴を利用するもので、コンテナ車の台枠上にコンテナ隅金具の穴と同形のツイスト緊締金具をセットする。コンテナ積載後にツイスト金具を90度回転させ、ツイスト金具のあごを隅金具の穴に引っかけて固定する。ツイストロック式とも呼ばれる。

5トン・10トン混載車の緊締装置

5トンコンテナと10トンコンテナが混載できるコキ50000系とコキ100系では、5トン用の緊締金具が10トンコンテナと、10トン用の緊締金具が5トンコンテナとそれぞれが重なってしまう。そのため、5トン用の緊締金具は全体が台枠外側に回転して逃げる転向式であった。また10トン用の緊締金具はハンドル操作で上下に昇降する昇降式となっている。

5トンコンテナ用緊締装置

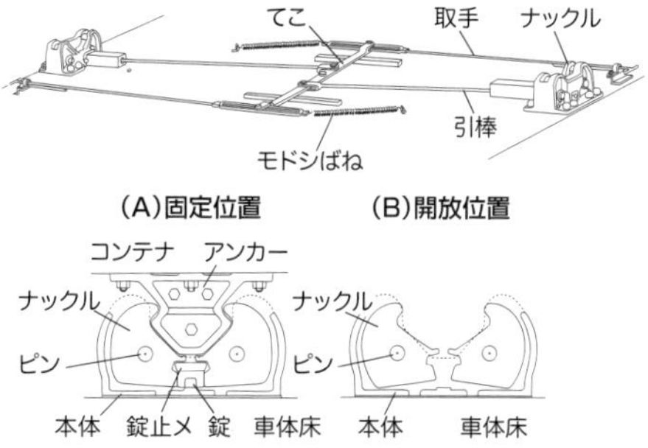

参考:『車両検修技術 貨車編』

10トンコンテナ用緊締装置

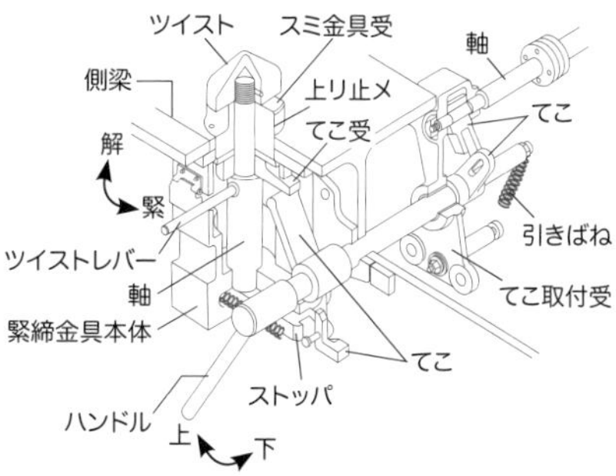

参考:『車両検修技術 貨車編』

ホッパ貨車の車体構造

有蓋ホッパ車の車体構造

有蓋ホッパ車はセメントや生石灰、穀物、カーバイドなどの輸送に用いられ、屋根にある積込口から積み込み、下部の取出口から荷卸しする。セメントや穀物は線路間に落とし込む底開き式で、側面から見るとホッパ形状をしているのがよく分かる。荷卸しは自重落下が基本だが、取出口を広くすることができず荷役に時間がかかってしまう。そこで、セメントなどの粉体は空気を含ませると流動化する性質を利用して、傾斜の付いた底板に多数の通気孔があいた薄板と帆布を張り、その間に空気を通して積荷を流動化させるエアスライド方式を導入し、荷卸しの時間を短縮した。大きな粒状の穀物などは流動化しないため自重落下式であったが、滑らかに落下するよう断面を円筒形としている。

一方、生石灰専用車は側面の下部全体が、上部を支点として開き線路の両外側に卸す側開き式であった。そのため断面形状は蓋の付いたW形となっている。

さらに、カーバイド専用車は車体が箱状のホッパ車とは言えないような形状で、屋根に積込口が、側面に取出口があった。これはカーバイド専用車が誕生する前、長物車に専用の輸送容器を載せバラ積み輸送していた方式を、そのまま貨車に置

代表的なエアスライド式セメント専用ホッパ車のホキ5700形。中央に向かって底板に傾斜が付いているのがよく分かる　写真：植松昌

カーバイド専用のホキ5900形はホッパ車とは思えない箱状の形態をしており、側面片側4カ所の取出口から荷卸しした　写真：植松昌

底開き式無蓋ホッパ車のホキ5200形は、底部2カ所に取出口があった。最高速度65km/hの運用制限車で黄帯を巻いていた　写真：植松昌

き換えたためである。

底開き式の無蓋ホッパ車・石炭車の構造

石灰石や鉱石は屋根のない底開き式の無蓋ホッパ車で輸送されていたが、構造としては石炭車と変わりはなかった。

底開き式の石炭車はおもに九州地区で使われた2軸車で、積込みは上部から、荷卸しは取出口から自重落下で線路間に落とし込む方式である。

底開き式の無蓋ホッパ車はボギー車が多く、取出口が狭いと荷卸しに時間がかかるため、取出口の数を増やしたり、取出口を線路と平行に長くしたりと工夫している。

側開き式の無蓋ホッパ車・石炭車の構造

側開き式の無蓋ホッパ車と石炭車も構造的には変わりがない。

側開き式石炭車は北海道で使用され、大型の30トン積ボギー車が基本であった。側面下部全体が開き、自重落下でも短時間での荷卸しが可能であった。断面形状はW形である。

積荷を石灰石などに横展開したのが側開き式無蓋ホッパ車で、石灰石専用車も一部を除き側開き式となった。

側開き式の一種に流し板付きがある。おもにバラスト輸送・散布用の無蓋ホッパ車で採用され、流し板の中間と下部にある落とし口の扉の開閉によりバラストを軌間内、軌間外0.5m、軌間外1mそれぞれに散布できる構造となっている。

バラスト散布図
参考:『日本の貨車』

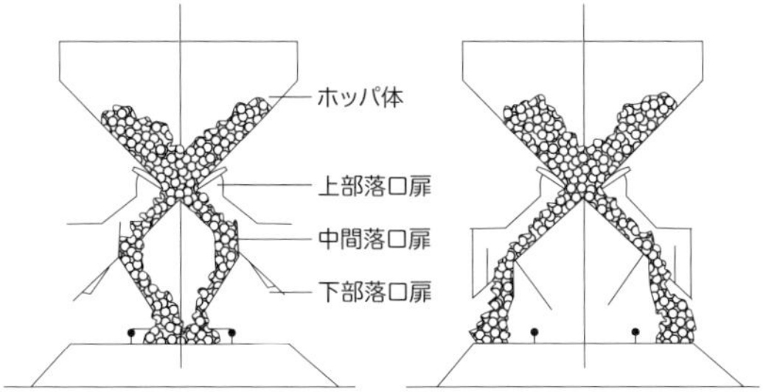

軌道内散布　　軌道外散布（外側約500mm）

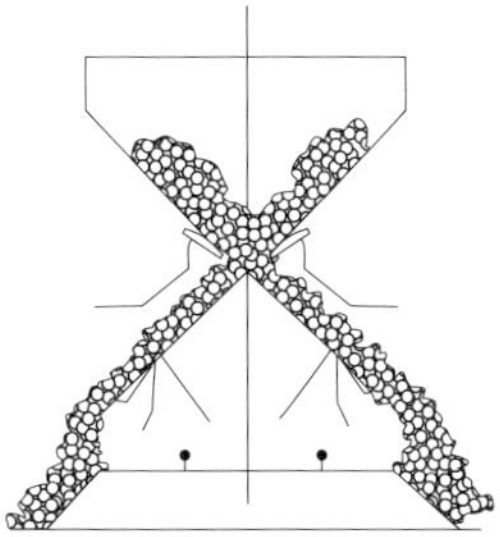

軌道外散布
（外側約1000mm）

バラスト専用のホキ800形は、流し板付側開き式無蓋ホッパ車である。ＪＲ移行で各旅客会社に承継された　写真：植松昌

2軸・3軸貨車の走り装置とばね装置

2軸・3軸貨車の走り装置

車軸の両側に車輪をはめたものを輪軸と呼び、2軸車は2本の、3軸車は3本の輪軸が軸箱と担いばねを介して台枠に取り付けられている。輪軸は、軸箱の内部で平滑に仕上げたジャーナル上に軸受金を乗せ、下部の給油具から給油される。軸受金はジャーナルと面で摺動する平軸受であるが、焼付き防止と保守の容易さから最近ではころ軸受（ころがり軸受）が採用されるようになっている。

2軸車用軸箱

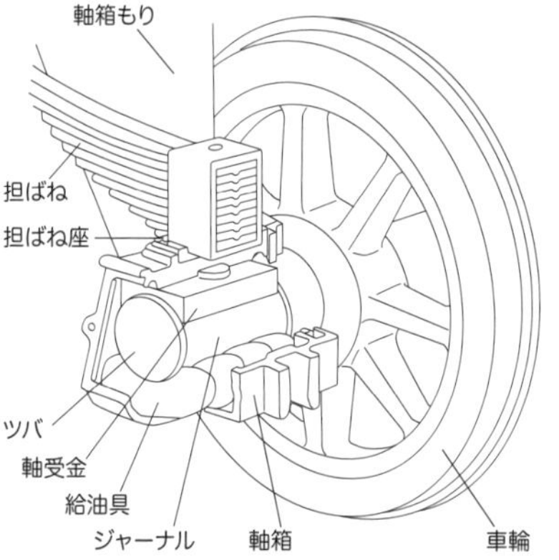

参考：『車両検修技術 貨車編』

シュー式は、重ね板ばねを台枠下面のばね靴にはめ込むだけの簡単な構造であった。「ニ⁺」は担ばねの種類を表している　写真：植松昌

軸箱の上には長さの異なる板ばねを重ねあわせた担ばね（重ね板ばね）が乗り、線路からの振動を緩和する。担ばねが台枠を支持する方法によりシュー式、リンク式、2段リンク式に分けられる。

ただし2軸・3軸貨車では台枠と輪軸がほぼ固定されるため、車体（台枠）が長いと急な曲線の通過が難しいため、車長の長い貨車はボギー台車が使われる。

シュー式ばね支持装置

シュー式は、担ばねの両端を台枠に取り付けたばね靴にはめ込む簡単な方式である。鉄道創業期から使われていたが輪軸の横方向（線路直角方向）への自由度が少なく、速度が高くなると蛇行動が発生しやすいため、速度を上げて走らせることが難しかった。

リンク式ばね吊り装置

リンク式は担ばねの端を目玉状に丸めて長円形のリンク（ばね吊り）の片側とピンで留め、リンクの反対側を台枠に取付けたばね吊り受とピンで留めたものである。リンクとピンに遊間（隙間）があることで、輪軸の横方向への一定の自由度が保たれた。リンクは板状であったが自由度が少ないため、環状のリンクも使用された。しかし速度が65km/hを超すと激しい蛇行動（左右振動）を起こしてしまう問題があった。

2段リンク式ばね吊り装置

2軸貨車の速度向上をめざして研究開発されたもので、環状のリンクを上下に分割し、中間ばね吊り座に上部リンクと下部リンクをかけ、両リンクが重複するようにしたものである。上下のピン間隔を短くして前後方向（線路方向）の剛性を高く（変形しにくく）しつつ、リンクの長さ（上部リンクと下部リンクの合計）を長くすることで横方向は動きやすくした。これにより担ばねの横方向への自由度が高まり、最高速度を75km/hへ向上させることができた。

なお、3軸貨車では曲線の通過を容易にするため、リンク式と2段リンク式のいずれも中央軸のリンクを長くし、輪軸が左右に動きやすいようにしている。

リンク式ばね吊り装置

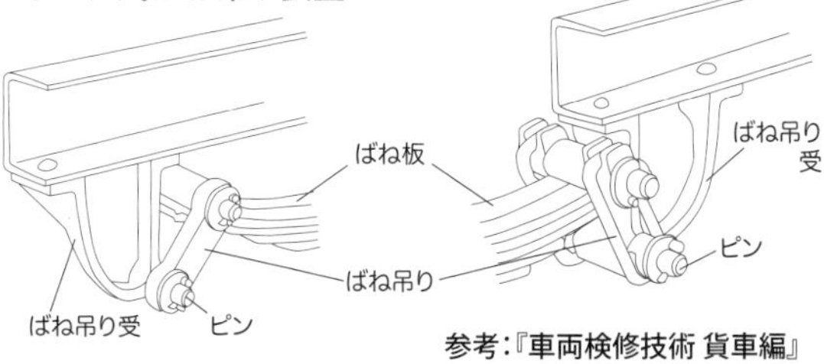

参考:『車両検修技術 貨車編』

板状のリンクを用いたリンク式ばね吊り装置。リンクを介して重ね板ばねとばね吊り受がつながれている　写真:鈴木靖人

2段リンク式
ばね吊り装置

参考:『車両検修技術 貨車編』

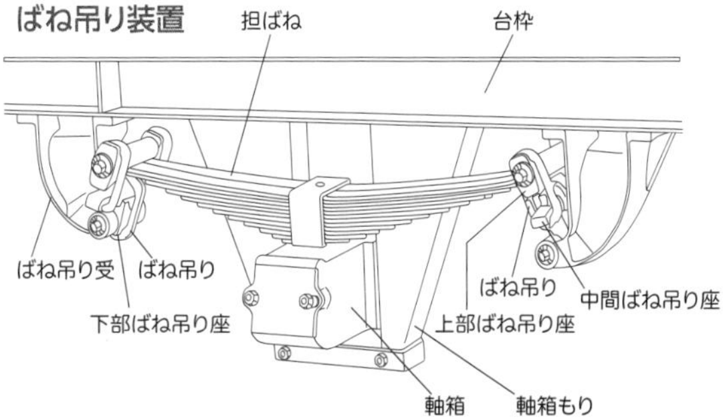

リンクを上下に分けた2段リンク式は、リンクとばね吊り座それぞれの間に生じる隙間を利用して横方向の自由度を高めた　写真:植松昌

6-07

ボギー貨車用台車

ボギー台車の特徴

ボギー貨車は2軸以上の輪軸を台車と呼ばれる走り装置にまとめ、車体に対し自由に回転できるようにした台車を2組使用した貨車である。これにより貨車の大型化が可能となった。

なお、重量物を輸送する大物車では4組以上の台車を使用することがあり、おもに台車2組ずつをまとめて階層的につなぐ複式ボギーとしている。

TR41C台車名称図
参考:『車両検修技術 貨車編』

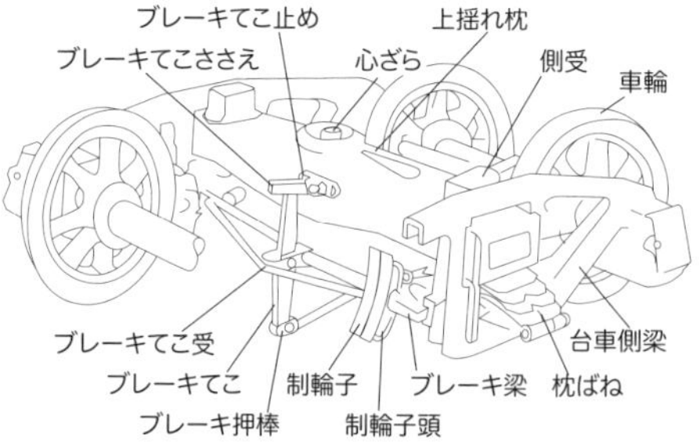

TR41D台車は枕ばねをコイルばねとオイルダンパの併用としたもので、タンク車を中心に使用されていた　写真:植松昌

鋳鋼台車

戦後の1948（昭和23）年、アメリカの台車にならい、簡単な構造で最高速度75km/hのTR41台車が製作された。軸箱と一体になった左右の台車側梁と、台枠を受ける上揺れ枕の鋳鋼製3部品で構成され、枕ばねは大きさの異なる親子重ね板ばねとし、貨車用台車の標準となった。台車の間隔（台車中心間距離）が短いと脱線しやすいため、1964（昭和39）年には枕ばねをコイルばねとして、オイルダンパを組み合わせたTR41Dが誕生している。1966（昭和41）年には軸受をころ軸受としたTR209が登場し、改良版のTR213、TR214、TR225なども製作されている。

コイルばね式中速台車

85km/h走行のコンテナ特急「たから」号のコンテナ車に使用する台車として、TR63が1959（昭和34）年に製作された。プレス鋼板を溶接組立てした台車側梁の中央下部をつなぎ梁で結合し、枕ばねはコイルばねとオイルダンパの併用、軸受にはころ軸受を初めて採用した。小改良した派生台車を含め、TR63系台車として広く使用された。また、台車側梁を弓形にしたTR207と改良版のTR211、

TR216なども製造されている。

空気ばね式高速台車

最高速度100km/hの10000系高速貨車用として、1966（昭和41）年にTR203台車が製作された。両側の弓形側梁をつなぎ梁で結合して台車枠とし、側梁中央部には枕ばねとして空気ばねを置き、その上に枕梁を載せている。高速走行するにはばねを柔らかくする必要があり、積荷の有無で重量差が大きい貨車では、コイルばねに比べ空気ばねの方が優れている。軸受をころ軸受とし、オイルダンパを斜めに配置することで上下、左右両方向の減衰ができるようにしている。また軸距（輪軸の間隔）を2100mmと長くして、高速走行時の蛇行動を防止している。

コイルばね式高速台車

廉価版の高速台車として1970（昭和45）年にTR216台車をベースに軸距を1650mmから1900mmに延ばした95km/h走行のTR223台車が製作された。

「高速スーパーライナー」の運転にあわせ、1887（昭和62）年にTR223を改良したFT1が110km/h高速走行用の台車として製作された。枕ばねを二重のコイルばね1連から2連とし、防振のため軸箱上部と台車側梁の間に軸ゴムを入れたゴム支持式とした。さらに1997（平成9）年のコキ106形からは、軸ゴムのほかにシェブロンゴムを加え、軸受部を上下、前後、左右の各方向から弾性支持する複合ゴム支持式のFT2台車としている。

TR63F台車名称図
参考:『車両検修技術 貨車編』

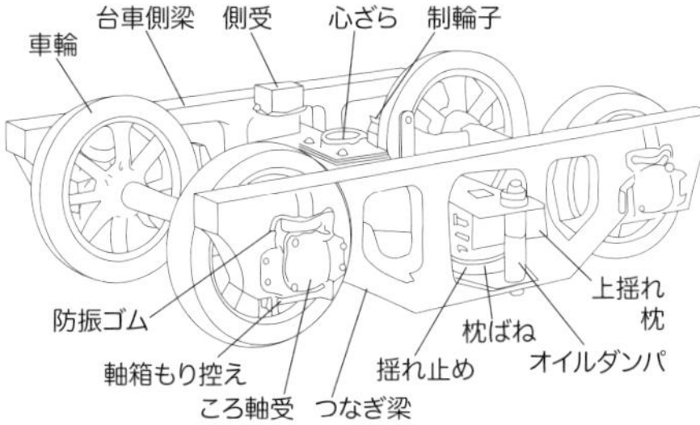

TR203台車名称図
参考:『車両検修技術 貨車編』

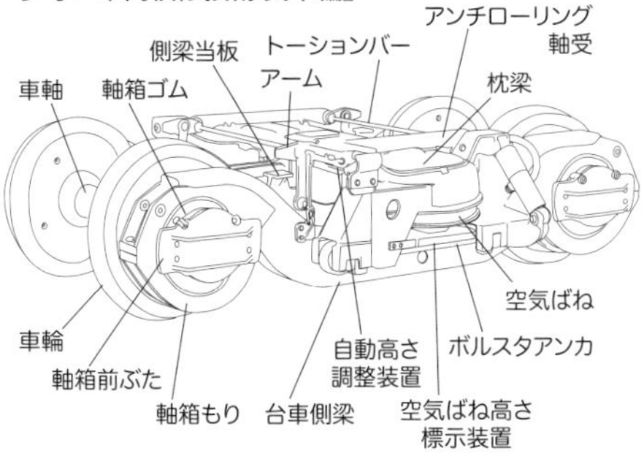

FT2台車名称図 参考:『日本の貨車』

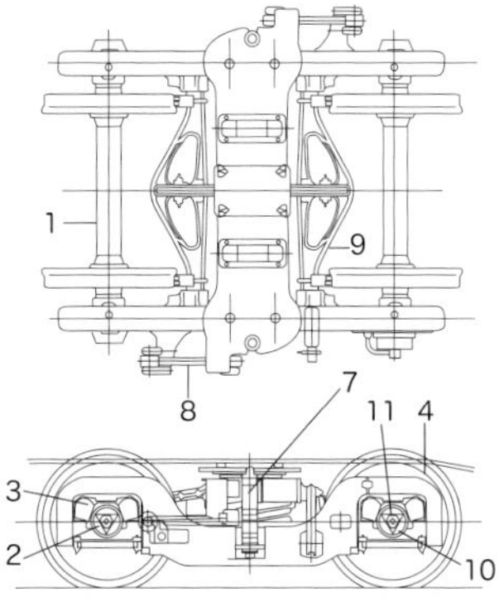

1 輪軸
2 軸ばね装置（シェブロンゴム）
3 軸ゴム
4 台車側梁
5 枕梁
6 枕ばね
7 オイルダンパ
8 ボルスタアンカ
9 つなぎ梁
10 ブレーキ梁
11 接地装置

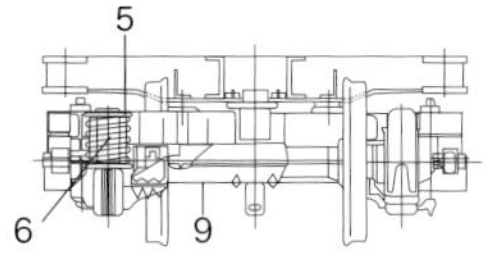

6-08

連結器装置と台枠構造

螺旋および連環連結器と両側緩衝器

鉄道創業期の官営鉄道の連結装置はイギリス流で、台枠両端の中央にある螺旋《らせん》（ねじ）連結器と連環連結器を併用して発車時の引張力を担い、両側にある両側緩衝器（サイドバッファー）で停車時の圧縮力を受ける方式であった。欧州では今でもこの方式である。

自動連結器

北海道で早くから使用されていたのがアメリカ流の自動連結器である。自動連結器の胴尻後部には緩衝器があり、連結器と緩衝器が一体となっている。

片方の自動連結器のナックルが開いた状態で連結するとナックルが閉まり、錠がかかって連結器は離れなくなる。連結器を外す場合は解放テコを持ち上げると錠が外れ、片方の車両を引っ張ればナックルが開き外れる。

密着式自動連結器

10000系高速貨車に使用された連結器で、車両間の前後衝撃を減らすため連結器間の遊び（隙間）を最小にして密着させた。また列車組成の省力化のため連

螺旋連結器および連環連結器
参考:『日本の貨車』

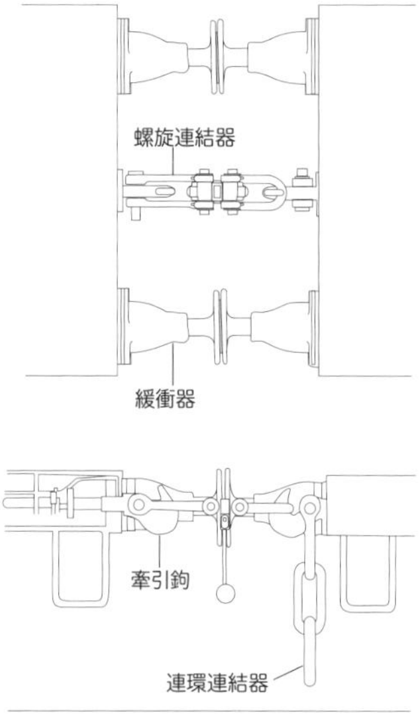

自動連結器

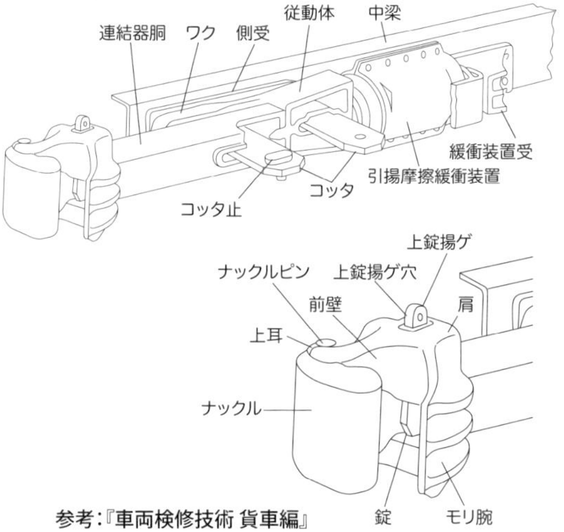

参考:『車両検修技術 貨車編』

自動連結器の四隅に空気管を備えた密着式自動連結器は、車両間の前後衝撃力を減らすとともに列車組成の省力化を狙った　写真：鈴木靖人

結器の四隅に空気管を装備し、連結すると空気管も一緒につながるようにした。ほかの自動連結器との連結も可能であった。

2軸・3軸貨車の台枠構造

台枠は車体を支えるとともに走り装置や連結器、ブレーキ装置を取り付ける土台でもある。積荷や車体の垂直方向の重量を受けるだけでなく、連結装置を通して水平方向にかかる車端衝撃力（引張力と圧縮力）にも耐える強度が必要である。

鉄道創業期の2軸・3軸貨車の台枠は、長手方向中央にある中梁よりも両側にある側梁がより大きな力を受ける構造となっていた。1925（大正14）年の自動連結器への取替えで、連結器と緩衝器は一体となって端梁中央に取り付けられるようになり、台枠はおもに中梁で衝撃力を受けるような構造に変更された。ただし底開き式石炭車は中梁が設けられないため、台枠は側梁のみであった。

ワム60000形台枠　参考：『日本の貨車』

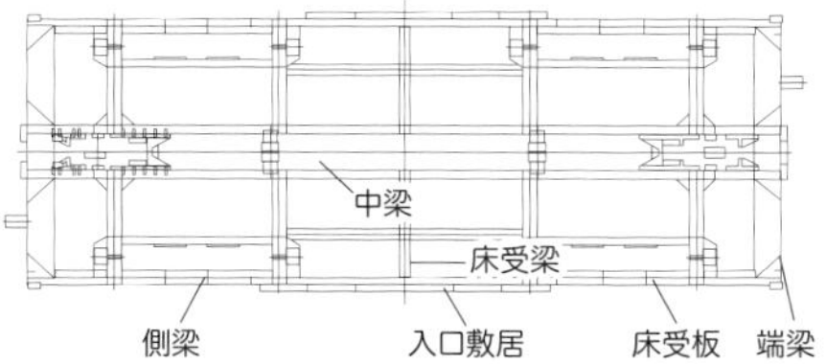

ボギー車の台枠構造

ボギー車も2軸・3軸貨車と同様であるが、無蓋車や長物車は積荷の重量の多くと車端衝撃力を中梁で受けるため、中梁の中央部が大きな魚腹形台枠となっている。一方、有蓋車は側板などの車体重量を側梁で受けるため、中梁と側梁の負担割合の差が少なく、中梁は中央部も同じ大きさとされた。

さらにコンテナ車では、コンテナと積荷の重量が側梁にかかるため、側梁を魚腹形にしている。また、タンク車では魚腹形タンク体を台枠の一部として使用する、フレームレス構造のものもある。

トキ25000形台枠　参考：『日本の貨車』

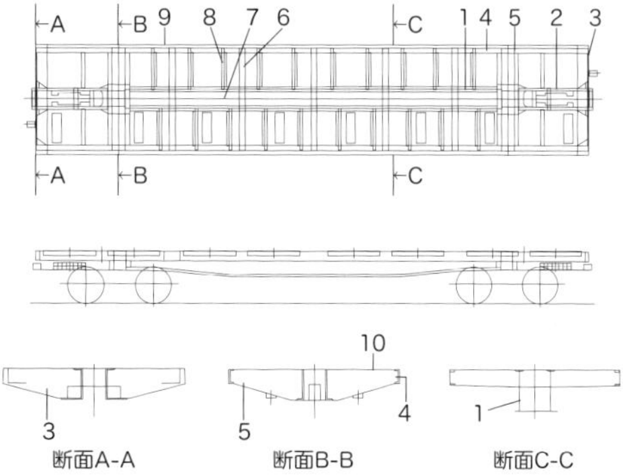

1. 中梁（中央部）　2. 中梁（端部）　3. 端梁　4. 側梁　5. 枕梁
6. 側横梁　7. 中横梁　8. 床受梁　9. 床受梁　10. 床板

6-09

自動空気ブレーキ装置

真空ブレーキと自動空気ブレーキ

1898（明治31）年の速達貨物列車の運転開始にあたり、列車全体にブレーキをかける貫通ブレーキとして真空ブレーキが取り付けられた。真空ブレーキは列車全体に真空列車管を引き通し、列車管を真空状態にするとブレーキが緩み、外気を導入するとブレーキがかかる安全性の高い方式だが、重量の重い貨物列車ではブレーキ力が不十分であった。

そこで1919（大正8）年に、圧縮空気を利用してブレーキをかける空気ブレーキ装置の導入を決定し、各種装置を試験した結果、ウエスチングハウス社のK制御弁を利用したブレーキ装置を採用することにした。

Kブレーキ装置

Kブレーキ装置はブレーキ管の圧力の変化に応じてブレーキをかけたり緩めたりするK制御弁を使用したものだが、簡単な構造であることから最高速度75km/hまでの貨車用の標準ブレーキ装置として、戦前・戦後を通じて広く使用された。

K制御弁と補助空気溜、ブレーキシリンダで構成され、その配置によりKC、KD、KEブレーキ装置に分けられる。補助空気溜の圧力空気をブレーキシリンダに送り、ピストンを動かしてブレーキをかける方式である。

荷重の大きなタンク車やホッパ車などでは積荷の積載（積車）時と空車時では重量差が大きく、積車時はブレーキ力が

KCブレーキ装置図

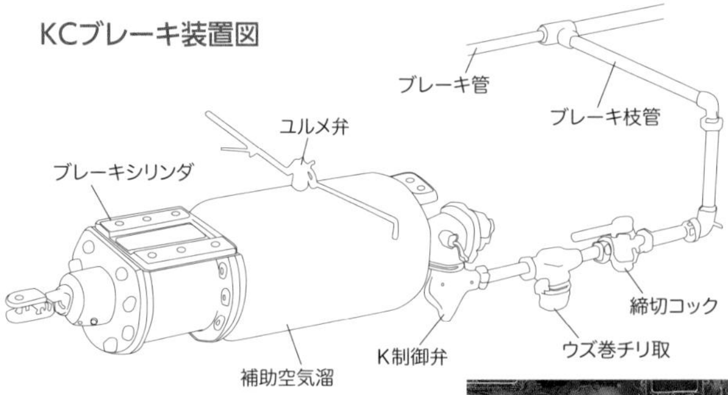

参考：『車両検修技術 貨車編』

KCブレーキは横1列の配置だが、KDブレーキはブレーキシリンダが別で、KEブレーキは補助空気溜が離れている
写真：植松昌

不足する。そのため積空を検知し、直径の異なるピストンを持つ差動ブレーキシリンダのピストン面積を積車時と空車時で変化させる、KSD、KRSD積空切換付ブレーキ装置が使用されている。

高速貨車用の空気ブレーキ装置

Kブレーキ装置は編成全体にブレーキが作用するまで時間がかかり、またブレーキ力の調整が細かくできないなどの問題があった。そこで最高速度85km/hのコンテナ特急「たから」号の運転開始にあわせて開発されたのがASD積空切換付ブレーキ装置である。K制御弁を客車で使用しているA制御弁に変えたもので、その後ARSDブレーキ装置となっている。

最高速度100km/hの10000系高速貨車用としてCLE応荷重装置付電磁自動空気ブレーキが開発された。編成の各車両に対するブレーキの同期性とブレーキが作用するまでの空走時間の短縮を図るため、ブレーキ管の空気の給排気を電磁弁で行う方式である。応荷重装置付C制御弁を使用し、荷重に応じたブレーキ力を発生するようにした。さらにコキ100系では、EA制御弁を使用した改良型のCLEブレーキ装置が使用されている。

最高速度95km/hのコキ50000形用に開発されたのが電磁弁を使用しないCL応荷重装置付自動空気ブレーキ装置である。KU制御弁を使用し、電磁弁は備えていないが、電磁自動ブレーキ装置の応答性に近いブレーキ性能を実現した。

また、ASD、ARSDブレーキ装置は、保守に手間がかかる問題があった。これを解消し、95km/h用としたのがCSD積空切換付ブレーキ装置である。EA1制御弁を採用し、Kブレーキ装置との混結を可能としている。ブレーキシリンダは大口径のゴム製ダイヤフラム（隔壁）を採用しており、タキ1000形などで使用されている。

CSDブレーキ装置つなぎ図
参考：『日本の貨車』

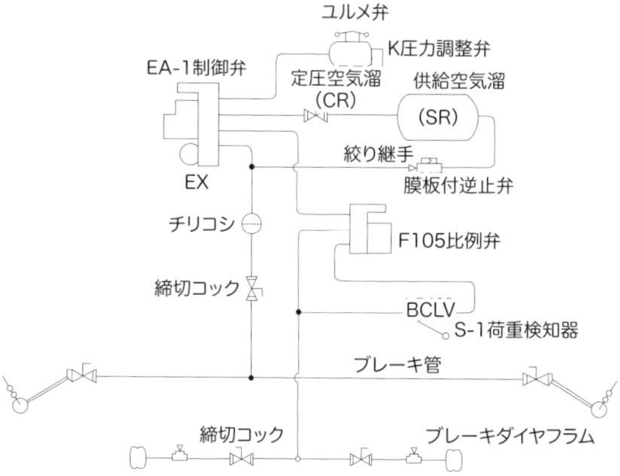

1992年製のタンク車からはCSD積空切換付ブレーキ装置となり、ブレーキシリンダは大口径のダイヤフラムとなっている
写真：植松昌

6-10

基礎ブレーキ装置と補助ブレーキ装置

基礎ブレーキ装置

基礎ブレーキ装置は、ブレーキシリンダまたは人力による力をてこの原理で増大して制輪子（ブレーキシュー）に伝えるものである。車輪がレールと接触する踏面に制輪子を圧着し、摩擦力でブレーキをかけるのが一般的である。

2軸・3軸車では当初、車輪踏面の片側を制輪子で押し付ける片押式であったが、車輪両側から制輪子で押し付け、ブレーキ力を増やす両抱き式となっていった。ボギー台車では片押式が一般的ではあるが、両抱き式もある。制輪子は鋳鉄製であったが、特殊合成樹脂製の合成制輪子が使用されるようになった。

また、制輪子は使用していると摩耗ですり減ってしまい、車輪と制輪子との間の隙間が大きくなってしまう。その隙間を自動的に調整するのが自動隙間調整器（スラック・アジャスター）で、1960（昭和35）年からの新製車には取り付けられている。

補助ブレーキ装置

補助ブレーキ装置とは、突放入換作業での減速・停止と留置中の転動（勝手に動きだすこと）を防止するためのもので、貨車には手ブレーキ装置または側《がわ》ブレーキ装置が備えられている。

手ブレーキ装置

鉄道創業期のブレーキ車である緩急車のブレーキ装置は、車上のハンドルを手

基礎ブレーキ装置

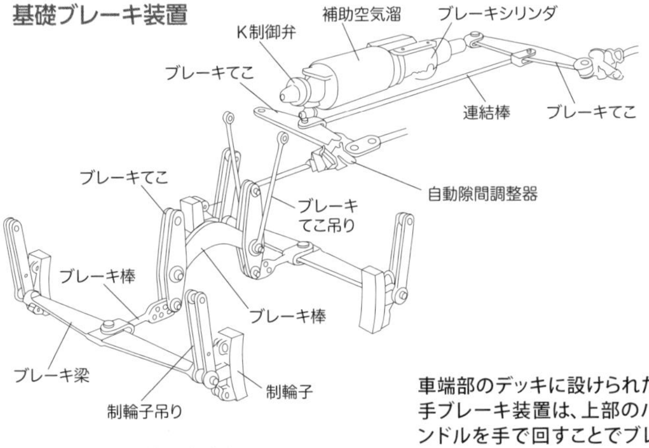

参考:『車両検修技術 貨車編』

車端部のデッキに設けられた手ブレーキ装置は、上部のハンドルを手で回すことでブレーキがかかる仕組みであった
写真:福田孝行

で回しブレーキてこを動かす手ブレーキ装置であった。ブレーキ倍率（増大率）が大きくできるので、緩急車や車掌車以外にも荷重が大きい大型のタンク車やホッパ車、コンテナ車、石炭車などに設けられた。手ブレーキハンドルは車端部のデッキに設けられていたが、コキ100系コンテナ車では突放入換が禁止されたことから台枠側梁に設けられ、転動防止の留置ブレーキとして使用されている。

側ブレーキ装置と両側ブレーキ装置

側ブレーキ装置は、側面下部に取り付けられた側ブレーキてこを足で踏み操作することで作用させる。操車場などで突放入換をする場合、構内作業掛が貨車に飛び乗って側ブレーキてこを踏んでブレーキをかけて止めた。側ブレーキてこから足を離してもブレーキイージーと呼ばれる側ブレーキてこ止装置の爪がてこ守《もり》のラックに噛み合い、上方に戻らないようになっている。側ブレーキを戻す場合は、ブレーキイージーのハンドルを反時計回りに回転することで簡単に外せる。

側ブレーキ装置は貨車の片側だけに設けられていたため、突放入換作業では構内作業掛が側ブレーキ装置のある側を確認し、貨車の直前を線路横断してブレーキをかける危険な作業でもあった。そこで、1967（昭和42）年の新製車から側ブレーキ装置を両側に備えた両側ブレーキ装置とし、安全性を高めるようにした。

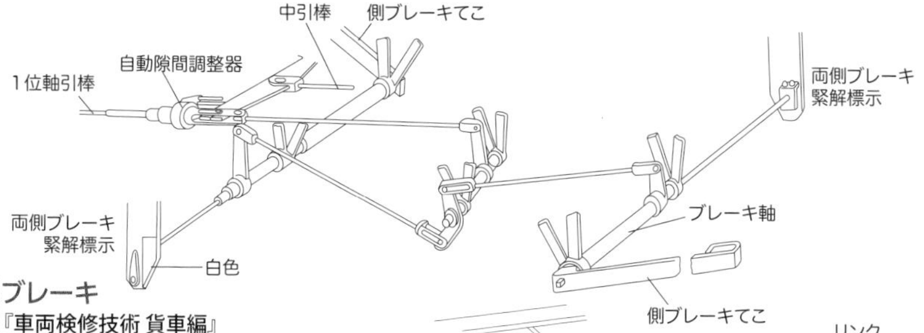

両側ブレーキ
参考:『車両検修技術 貨車編』

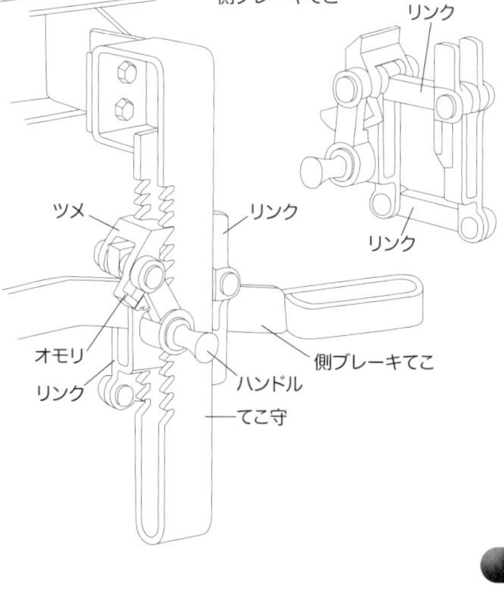

ブレーキイージー
参考:『車両検修技術 貨車編』

側ブレーキてこを足で踏み下げることでブレーキを作用させるため、上部には手すりが、右側には踏段が設けられている　写真:植松昌

コラム
column

貨車の検査

貨車もほかの鉄道車両と同様に検査を行っている。日常的にそのまま行う検査と、一部または全部を取り外し、分解して行う検査に分かれる。日常的な検査には仕業検査と交番検査、一部または全部を分解する検査には交番検査（指定取替）と全般検査がある。仕業検査以外は形式ごとに検査級数に応じた検査期限が設けられており、側面に標記されている。以前は、特殊構造なため1年ごとに全般検査を行うような貨車もあったが、現在は一部例外を除き4年以上となっている。

仕業検査は貨車を使用する前に行うもので、走行部やブレーキ装置に故障や問題がないか検査する。

交番検査は、所定の周期で走り装置やブレーキ装置、連結装置などの状態に問題がないか検査するものである。

交番検査（指定取替）は、所定の周期で空気ブレーキ装置の主要機器（制御弁や圧力計など）を取り替え、通常の交番検査に準じた検査を行う。

全般検査は、所定の周期で各部を分解の上、全般にわたって細部の検査を行うものである。

なお、全般検査と交番検査（指定取替）は検査実施年月日と実施場所が標記されている。

検査種別	級数	検査時期・検査期限	対象貨車
仕業検査		使用する前	全ての貨車
交番検査	1級	90日以内	2級以外の貨車
	2級	60日以内	タンク車・ホッパ車で自動隙間調整器のない車
交番検査（指定取替）	A・B・C級	30カ月以内	
	A1級	30カ月以内（輪軸取替えを含む）	
全般検査	A級	60カ月以内	ワム80000形、ガソリンおよび石油類タンク車、1985年度以降のコンテナ車を除く新形式貨車
	A1級	60カ月以内	コンテナ車
	B級	48カ月以内	A、A1およびC級以外の貨車
	C級	36カ月以内	チサ9000形

ＪＲ貨物所有の貨車は検査実施日と場所が標記されているが、最近はコンテナ車では標記されなくなっている　写真：植松昌

私有貨車は検査実施日と次回検査日も標記されている。新製時は実施場所に車両メーカーの名前が記されている　写真：植松昌

第7章

コンテナの種類

写真：植松昌

7-01

コンテナの種類と形式記号・番号

コンテナの種類

現在の貨物鉄道輸送の中心をなすコンテナは、当初はほとんどが有蓋コンテナであった。しかし徐々にその種類を増やし、現在では有蓋コンテナ、冷蔵コンテナ、冷凍コンテナ、通風コンテナ、無蓋コンテナ、タンクコンテナ、ホッパコンテナ、電源コンテナ、試験・測定コンテナ、デットウエイトコンテナ、廃棄物輸送用コンテナの11種類がある。以前は活魚コンテナや車掌室コンテナもあったが、現存していない。

国鉄時代のコンテナの形式・番号

コンテナの形式・番号の付け方は、国鉄時代とＪＲ貨物で大きく異なっている。

1959（昭和34）年に誕生した国鉄所有の有蓋5トンコンテナは5000形とされ、以降6000形、7000形となった。そのほかの冷蔵コンテナや試作コンテナの形式は3桁の数字で表された。しかしコンテナの種類が増加したため、1966（昭和41）年に形式は「構造・用途記号」と「2桁の数字」を重ねたものに改定され、5000・6000・7000形を除き改められた。コンテナ番号は形式番号の後ろに1から順に付けた。（例：C10 1）

1968（昭和43）年に10トンコンテナが試作されると、形式は「構造・用途記号」と「3桁の数字」を重ねたものとされた。またコンテナ番号は、5トンコンテナも含め形式の後にハイフン（-）を付け、1から順に付けるように変更されている。

1970（昭和45）年に誕生した私有コンテナの形式は「U」「構造・用途記号」「種別番号」を重ねたものとされ、番号の付け方は国鉄コンテナと同様であった。

国鉄所有コンテナの形式・番号

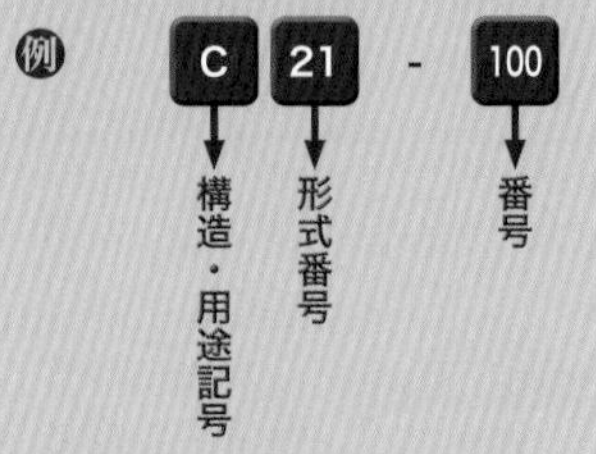

構造・用途記号

構造・用途	記号
有蓋コンテナ	C
冷蔵・冷凍コンテナ	R
通風コンテナ	V
無蓋コンテナ	M
タンクコンテナ	T
ホッパコンテナ	H
車掌室コンテナ	S

国鉄時代の私有コンテナの形式・番号

例　U　C　5　-　100

- U → 私有コンテナ ※1
- C → 構造・用途記号
- 5 → 種別番号
- 100 → 番号

※1　12ftコンテナに日本通運使用のN、全国通運所有のZあり

構造・用途記号

構造・用途	記号
有蓋コンテナ	C
冷蔵・冷凍コンテナ	R
通風コンテナ	V
無蓋コンテナ	M
タンクコンテナ	T
ホッパコンテナ	H

種別番号

種別	内容
1	荷重5トン　一般品
2	荷重5トン　背高
3	荷重5トン　危険品
4	荷重5トン　特定
5	荷重10トン　一般品
6	荷重10トン　背高
7	荷重10トン　航送
8	荷重10トン　特定
9	荷重10トン　危険品

JR貨物所有コンテナの形式・番号

例　V　19　C　-　1000

- V → 構造・用途記号　※事業用コンテナは頭にZを付す
- 19 → 内容積（㎥）　※無蓋コンテナは床面積（㎡）
- C → 仕様を表す記号
- 1000 → 番号

構造・用途記号

構造・用途	記号
有蓋コンテナ	なし
冷蔵コンテナ	R
冷凍コンテナ	F
通風コンテナ	V
無蓋コンテナ	M
タンクコンテナ	T
ホッパコンテナ	H
電源コンテナ	G
試験・測定コンテナ	X
デットウエイトコンテナ	D
廃棄物輸送コンテナ	W

JR貨物におけるコンテナ形式・番号

ＪＲ貨物が発足すると、コンテナの形式番号の付け方は大きく変更された。それまでの2桁もしくは3桁の数字から、コンテナの内容積（㎥）（無蓋コンテナは床面積（㎡））の小数第1位を四捨五入した整数部分に変更された。

ＪＲ貨物所有コンテナは「構造・用途記号」と「内容積（無蓋は床面積）を表す数字」、「仕様を表す記号」を重ねたものとなった。ＪＲ貨物所有コンテナの「仕様を表す記号」は、原則として開発順にA、B、C…と付けられる。コンテナ番号はハイフンを付け、1から順に番号を付けている。なお、老朽化したコンテ

ナの内張り合板を張り替えたものは番号の後ろに白〇のなかに縦書きの「いた」と標記し、補修などを行いリニューアルしたものは白◇の中に「リ」と標記している。

私有コンテナは、頭に「U」を冠し、「U」「構造・用途記号」「内容積（無蓋は床面積）を表す数字」「仕様を表す記号」を重ねたものだが、「仕様を表す記号」はＪＲ貨物所有コンテナとは異なり記号ごとに仕様が定められている。コンテナ番号はハイフンを付け、1から順に番号

JR貨物の私有コンテナの形式・番号

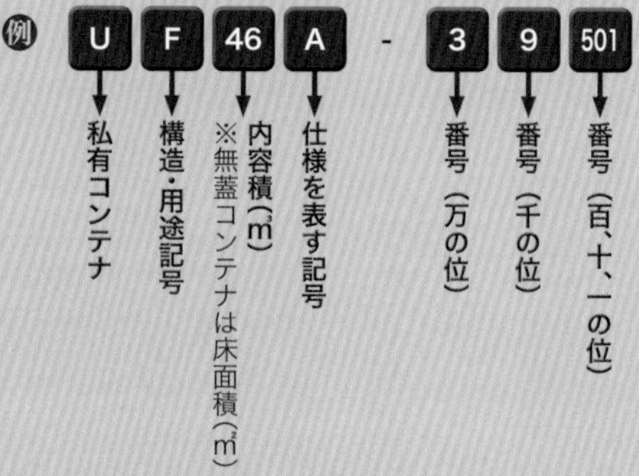

構造・用途記号

構造・用途	記号
有蓋コンテナ	なし
冷蔵コンテナ	R
冷凍コンテナ	F
通風コンテナ	V
無蓋コンテナ	M
タンクコンテナ	T
ホッパコンテナ	H
電源コンテナ	G

仕様を表す記号
（私有コンテナ）

仕様	記号
一般普通品	A
航送品	B
危険品	C
特殊	D
多品種（普通品）積載用タンク	E
多品種（危険品）積載用タンク	F

仕様を表す記号
（ISO規格コンテナを私有化した場合）

仕様	記号
一般普通品	G
航送品	H
危険品	K
特殊	L
多品種（普通品）積載用タンク	M
多品種（危険品）積載用タンク	N

万の位の番台区分

番代	内容
20000	長さ22.5ftおよび24ftのコンテナ
30000	長さ30ftのコンテナ
90000	ISO規格コンテナを私有化したもの

千の位の番台区分

番代	内容
1000	冷凍コンテナで集中式電源を使用するもの
5000	20ft級（旧2種）で総重量12.4～13.5tのもの
8000	総重量13.5t以上のもの
9000	大形コンテナで第2積載限界内で輸送するもの
9500	大形コンテナで第1積載限界内で輸送するもの

コンテナ種別

コンテナ種別	外形寸法（mm）			最大総重量(t)	備考
	長さ	幅	高さ		
（元1種）	3,250	2,300	2,438	6.8	10ft相当
12ft級	3,715	2,450	2,500	6.8	旧1種（元2種）
15ft級	4,650	2,490	2,500	10.1	
20ft級	6,058	2,490	2,500	13.5	旧2種（元3種）
30ft級	9,125	2,490	2,500	18.5	旧3種（元4種）
40ft級	12,192	2,490	2,600	30.48	

を付けるのを原則としているが、同じ形式でも長さや重量が大きく異なるため、番台区分している。ただ、なかには単なる区別のために番台分けしたものもある。

コンテナ種別

コンテナは大きさに応じた種別分けを行い、最大寸法と最大総重量を定めている。国鉄時代は1種から3種までであったが、ＪＲ貨物になると4種と特別大形が制定された。1996（平成8）年に1種が廃止され、2～4種を1～3種と呼ぶようになり、それぞれの最大寸法、最大総重量を超えるものを大形コンテナと呼ぶようになった。2002（平成14）年からは長さに応じた種別名に変え、新たに15ft級と40ft級を加え、12ft級から40ft級の5つの種別に分けられている。

大形コンテナ識別標

各コンテナ種別に定められた最大寸法や最大総重量を超えるコンテナについては、コンテナ両側面の左上部に大形コンテナ識別票を標記することとしている。

大形コンテナ識別票は、菱形を縦横に4分割し、規定を超える項目について、黄色地に黒字で「H」「L」「G」「W」の文字を標記し、その右側には「全高 H=」「全長 L=」「全幅 W=」「最大総重量 G=」を数字とともに標記する。規定内の項目については黒く塗りつぶされ、ひと目で規定を超えている内容が分かるようになっている。

最大寸法と最大総重量がいずれも超えているU52A-39511の大形コンテナ識別票の標記。運用区間も記載されている　写真：植松昌

7-02

コンテナの塗色と標記

コンテナの塗色

国鉄もしくはＪＲ貨物所有のコンテナは、時代により色の違いはあるものの塗色は統一されている。これに対し私有コンテナやISO規格の国際海上コンテナは、法令に従う必要のある高圧ガスを除いては蛍光塗料などでない限り色彩やデザインは自由であり華やかである。

コンテナ輸送開始時の5トンコンテナ5000形は淡い黄緑色の淡緑3号であった。翌々年に登場した冷蔵コンテナ100形（のちのR10形）は温度上昇を防ぐため貨車の冷蔵車と同じように白色とされ、以後も冷蔵・冷凍コンテナは白色が続いている。

淡緑3号は汚れと退色が激しいため、1964（昭和39）年からは山手線と同じ黄緑6号に変更され、冷蔵コンテナを除く通風コンテナやタンクコンテナ、ホッパコンテナなども黄緑6号となった。

1971（昭和46）年に量産された長さ12ftのC20形は、それまでの3250㎜（10ft相当）から拡大され白帯を巻くようになった。さらにクレーン荷役対応のC21形は青22号の、扉配置をそれまでの片妻開きから側妻二方開きとしたC30形とC31形は赤2号の帯となった。

なお、1977（昭和52）年に量産された保冷コンテナのC95形は白色と青22号のツートンカラーとされ、ひと目で分かるようになっている。

1984（昭和59）年に製作されたC35形は貨物輸送体系の刷新をアピールするため京浜東北線と同じ青22号とされ、「コンテナ・スカイブルー作戦」と銘打ちコンテナ輸送を推進する宣伝も行われた。

ＪＲ貨物発足後もしばらくは青22号であったが、1994（平成6）年製の12ftの19A形と20ftの30A形はJRFレッド色と黒色のツートンカラーとなり、19B形

上部に隅金具が設けられクレーン荷役に対応したC21形は、ほかのコンテナと区別するため青22号の帯が巻かれた　写真：掘井純一

新たに妻側二方開きとしたC31形は赤色の帯とした。5トン有蓋コンテナは大量にあるため、帯の色で区別していた　写真：植松昌

以降はJRFレッド色のみとなり現在までそれが続いている。

コンテナに記されるさまざまな標記

ＪＲ貨物所有コンテナに標記されているのは、コンテナ番号（形式記号・番号）、自重、製造銘板（シール）、「ＪＲ貨物」の文字と「ＪＲ」または「JRF」のロゴマークなどである。コンテナによっては内容積や総重量が標記されているものもある。

JRFレッド色と黒色のシックな塗分けであった両側開きの19A形。19B形からはJRFレッド色だけとなっている　写真：植松昌

私有コンテナは、コンテナ番号（登録番号）、所有者名または使用者名、総重量、自重、製造銘板（シール）、「日本貨物鉄道用」の文字が記されている。さらに冷凍コンテナは「ＪＲ貨物クールコンテナシステム」の文字が、タンクコンテナとホッパコンテナは専用種別名と化成品番号が標記される。

さらに大形コンテナは、大形コンテナ識別票と対象となる寸法または総重量、積載限界が適用される場合はその内容などが記される。そのほか、フォーク差込口と扉開閉ハンドルは目立つよう黄色く塗られている。

なお、ＪＲ貨物の形式・番号を持たないISO規格の国際海上コンテナについては標記対象外となっている。

コンテナの標記図

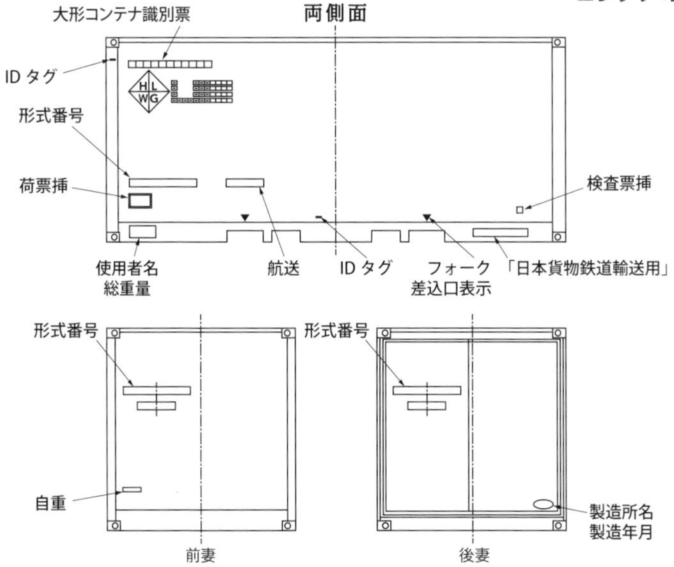

7-03

有蓋コンテナ

有蓋コンテナの種類

有蓋コンテナはコンテナの主力をなし、鉄道用コンテナの約2/3は有蓋コンテナで、とくにＪＲ貨物所有コンテナの約8割は有蓋コンテナが占めている。

有蓋コンテナは長さ3250㎜（10ft相当）および12ftの5トンコンテナと20ftの10トンコンテナ、30ft級のコンテナに分けられる。ＪＲ貨物所有のコンテナは大多数が5トンコンテナであり、私有コンテナの多くは20ft以上と、棲み分けができている。

国鉄時代の5トン有蓋コンテナ

1959（昭和34）年のコンテナ輸送開始にあたり、長さ3250㎜の5トンコンテナ5000形を鋼製、アルミ合金製、木製それぞれで試作した結果、鋼製で量産することになった。扉は片方の妻面だけある片妻開きであった。その後、改良を施した6000形やC10形が数多く製作された。また、両側二方開きの7000形や片妻両側三方開きのC11形、片妻で屋根開閉式のC12形なども製作され、幅広い用途にも対応できるようにした。

5000形は各種材質で比較された。中央がアルミ合金製、右端が木製で、それ以外の3個は量産につながった鋼製　所蔵：物流博物館

初めて長さ12ftとしたC20形の白帯は12ftの証。青函トンネル開業時には開業をアピールするステッカーが貼られた　写真：掘井純一

外板と内張り板の間に断熱材を設けた簡易保冷式のC95形。白色と青15号の塗分けは鮮やかであった　所蔵：植松昌

1970（昭和45）年に長さ20ftの私有10トンコンテナが導入されると、両者を混用した際のコンテナ車の積載効率を改善する過程で5トンコンテナの長さを12ftに延ばすこととなり、翌年より片妻開きのC20形が製作された。また、1974（昭和49）年には上部四隅に隅金具を付け、クレーン荷役を可能としたC21形が登場した。さらに1977（昭和52）年には、C21形をベースに断熱材を取り付けた簡易保冷のC95形も製作されている。

その後も1983（昭和58）年には貨車による車扱貨物をコンテナ化するため、扉配置を妻側二方開きとしたC30形とC31形が、翌年からは製作コストの低減を図ったC35形が、さらに改良版のC36形が量産された。

私有の5トンコンテナは長らく認められなかったが、1985（昭和60）年にようやく認められ、UC1形のほかに全国通運所有のZC1形、日本通運使用のNC1形が誕生している。

JR貨物発足後の5トン有蓋コンテナ

ＪＲ貨物発足後は、1987（昭和62）年からC36形の高さを高くして容積を拡げた18A形と改良版の18C形を、1989（平成元）年から両側面に扉を設けた両側開きの18D形を量産した。

さらに1997（平成9）年からは、船舶による代行輸送を行う際のクレーン荷役に備え、隅金具を取り付けた両側開きの

コスト低減のため内張りを廃止し量産されたC35形だが、結露の発生により合板内張りを追加したC36形に改良された　写真：植松昌

国鉄末期には私有の5トンコンテナも認められ、全国通運がZC-1形を、日本通運がNC-1形をそれぞれ保有した　写真：福田孝行

ビール輸送用パレットの寸法にあわせ長さを延ばした18D形。車扱によるビール輸送のコンテナ化に貢献した　写真：植松昌

全高2600mmと背高になった20G形は、コンテナ車がすべて低床化されたことで今後の主力形式として量産されている　写真：植松昌

19D形が、2001（平成13）年からは妻側二方開きの19G形が、標準形式として量産された。

また、1998（平成10）年には高さを100mm高くして2600mmとした片側開きの20A形が試作された。2006（平成18）年からは妻面に簡易通風器を設けた両側開きの20D形が製作された。2018（平成30）年にコキ50000形の運用が終了したことから妻側二方開きの20G形とともに19D形、19G形の後継形式として量産されている。

私有コンテナは、1988（昭和63）年からU17A形やU18A形などが、現在はU19A形が数多く製作されている。

長さ20ftの10トン有蓋コンテナ

中長距離トラック貨物を「フレートライナー」利用の協同一貫輸送とするため、1970（昭和45）年に私有コンテナ制度が制定され、私有10トンコンテナが登場した。国鉄も試作はしたが、10トンコンテナは私有とすることになり、UC5形が数多く製作された。扉配置は片妻開き、妻側二方開き、両側開きなどさまざまである。また、青函連絡船で輸送するコンテナは法令を適用したUC7形とされ、「航送」の文字が標記された。

ＪＲ貨物発足後の1990（平成2）年には、有蓋車で輸送していた紙製品の輸送をコンテナ化するため、ＪＲ貨物でも10トンコンテナを製作することになり、両側開きの30A形が量産された。その後、汎用性を持たせた妻側二方開きの30A形500番台が製作された。そして2006（平成18）年からは片妻両側三方開きの30D形が量産され、現在の主力となっている。

私有コンテナは老朽更新も含めU30A形やU30B形、U31A形などが数多く製作されている。なかには、U28A形のように衣料品をハンガーにかけたまま輸送す

片妻両側三方開きとし幅広い荷役に対応する30D形は、ＪＲ貨物所有の20ftコンテナの主力となっている　写真：植松昌

青函連絡船で輸送される船舶安全施行規則を適用した10トンコンテナは、UC7形とされ「航送」の文字が標記された　写真：植松昌

衣料品輸送専用のU28A形は、20ftコンテナでありながら総重量が4トンしかないハンガーコンテナ
写真：植松昌

るハンガーコンテナと呼ばれるものもある。コンテナ内部にハンガー用パイプが上下2段に取り付けられており、壁面や床は絨毯張りとなっている。長さ20ftながら、総重量4トンと非常に軽い。

長さ30ft級の有蓋コンテナ

1987（昭和62）年、長さ30ftの私有コンテナU47B形が初めて登場した。翌年以降、30ftコンテナは続々と誕生し、1989（平成元）年には10トントラックの荷台相当の長さ31ftのU53A形も誕生した。さらに総重量が16トンを超えるコンテナは荷重が10トン以上となり、15トンを超えるようなものもある。

当初、扉配置は片妻開きの割合が高かった。妻側二方開きのコンテナもあったが、側扉は長くて重いため、人力で開閉するのは大変であった。そのような背景もあり、トラックの電源を利用し油圧シリンダで両側面を屋根とともに開閉するウイングルーフ式が開発された。側面の屋根が上がるためフォークリフトによる荷役がしやすく、片妻にも扉があるためさまざまな場所での荷役にも適している。当初は側面の上半分だけが屋根とともに開閉し、下半分は下に開くあおり戸のセミウイング式であったが、2000（平成12）年に側面全体が屋根と一緒に開閉するフルウイング式のコンテナを日本通運が開発し、「エコライナー31」と名付け使用を開始した。現在ではフルウイング式コンテナを導入する所有者も増えており、多くを目にすることができる。ウイングコンテナの普及を受け、ＪＲ貨物もフルウイング式の48A形と49A形を2012（平成24）年から製作している。

これに対し、両側面が観音開き式にフルオープンする片妻両側三方開きの「PANORAMA BOX」が2017（平成29）年に開発された。天井の低い建物内でも側面から積卸しが可能となり、特定の荷主で重宝されている。

30ftコンテナとしては古参となる片妻開きのU46A形であるが、最近デザインが一新され見違えるようになった　写真：植松昌

側面全体が屋根とともに開くフルウイング式の「エコライナー 31」コンテナ。天井を気にせずフォークリフト荷役ができる　写真：植松昌

片妻両側三方開きの「PANORAMA BOX」は、天井が低い倉庫でも無理なく三方から荷役ができるのが特徴　写真：植松昌

7-04

冷蔵コンテナ

国鉄の冷蔵コンテナ

国鉄では早い段階から冷蔵コンテナの開発を進め、1961（昭和36）年には100形を試作した。床面も含めた全面を断熱材で覆い、片妻開きの扉は冷蔵車と同様の気密構造としている。1965（昭和40）年より量産が始まり、翌年の形式記号の改定でR10形となった。このほか、室内に棚を備えたR11形、枝肉輸送用に室内に吊棒とフックを備えたR12形、北海道からの鮮魚輸送用に片妻両側三方開きとしたR13形などが製作された。

私有の5トン冷蔵コンテナ

私有コンテナ制度の誕生で冷蔵コンテナは私有とされ、1972（昭和47）年にUR1形が登場している。当初は野菜輸送用の片側開きの簡易保冷タイプであったが、1986（昭和61）年に製作された鮮魚特急列車のレサ10000形の置換え用として製作された両側開きは断熱性が高く、冷蔵車以上の保冷性能があった。

ＪＲ貨物発足後は、1988（昭和63）

国鉄が量産した冷蔵コンテナのR10形は妻扉が冷蔵車と同様の形状で、側面にはクレーン荷役用の吊り金具が設けられた　所蔵：植松昌

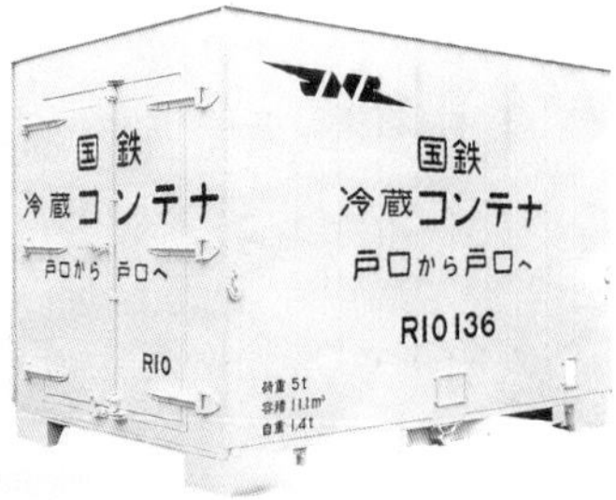

私有冷蔵コンテナのUR1形の中でも鮮魚輸送用のものは断熱性が高く、冷蔵車をしのいだ優れものだった　写真：植松昌

日本石油輸送は冷蔵コンテナによる保冷輸送に力を入れ、妻側二方開きは青色系、両側開きは赤色系と縦帯の色を分けている　写真：植松昌

スーパー URと名付けたUR17A形70000番台は真空断熱パネルを採用し、保冷性能を大幅に向上させている　写真：福田孝行

重量があった冷蔵コンテナを有蓋コンテナ並みの6.7トンに軽量化したもの。両側開きはシャボン玉マーク付きの桜色に　写真：植松昌

妻側二方開きの軽量タイプはシャボン玉マーク付きの水色の縦帯としていたが、2023年製より雲マークに変更されている　写真：福田孝行

年に日本石油輸送が妻側二方開きのUR17A形を製作し、1990（平成2）年からは容積を拡大したUR18A形となった。いずれも青系色の縦帯としていた。1997（平成9）年からは両側開きも量産したが、赤色の縦帯として区別している。さらに2002（平成14）年からはUR19A形を、2004（平成16）年からは高さ2600㎜と背高のUR20A形も量産している。いずれも扉配置が妻側二方開きと両側開きの2タイプがあり、UR18A形とUR19A形には簡易通風機能を付けたものもある。

また、2008（平成20）年からは「スーパーUR」と名付け、真空断熱パネルを採用して断熱性能を高めたUR17A形70000番台を製作している。さらに2012（平成24）年からはUR19A形でコンテナの軽量化も進めており、妻側二方開きは水色縦帯、両側開きは桜色縦帯としている。

私有の10トン・大形冷蔵コンテナ

国鉄時代の1973（昭和48）年、20ftの私有冷蔵コンテナが製作されたが、冷凍コンテナと同じUR5形に類別された。ＪＲ貨物発足後は冷蔵コンテナと冷凍コンテナの形式記号は分けられるようになった。20ftは1994（平成6）年にUR29A形が登場している。31ftは2004（平成16）年に誕生した札幌通運所有のUR48A形とUR52A形が始まりで、2010（平成22）年からは日本石油輸送がスーパーURのUR47A形とUR50A形を投入している。ともに総重量は17トンを超え荷重は13トンある。

冷蔵コンテナで最大の内容積を誇るUR52A形。30ft級の冷蔵コンテナは全て長さ31ftとなっている　写真：石原豊巳

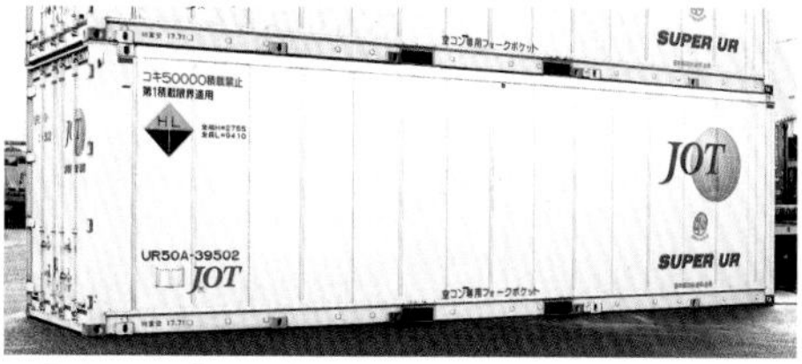

長さ31ftの「スーパー UR」のUR50形。冷蔵品よりも低温で輸送するチルド品輸送に適したコンテナである　写真：石原豊巳

7-05

冷凍コンテナ

10トン・大形冷凍コンテナ

1971（昭和46）年、ディーゼルエンジンで冷凍機を駆動する長さ20ftの10トン冷凍コンテナが登場した。当時は冷凍装置付冷蔵コンテナとの位置づけで、UR5形と称された。翌年には、同じ冷凍コンテナでも天井の配管から液体窒素を噴霧して冷却する液体窒素式が製作された。しかし冷凍コンテナを用いた輸送は広がらず、1974（昭和49）年製までの33個にとどまった。

ＪＲ貨物が発足した翌年の1988（昭和63）年に青函トンネルが開通すると、北海道〜東京・大阪間で乳製品や冷凍食品などを20ft冷凍コンテナで定温輸送することが計画された。冷凍機とディーゼルエンジンをコンテナに搭載した分散式と、電源コンテナから電源の供給を受けモーターで冷凍機を駆動する集中式の

電源コンテナZG形の両側にUF27A形を載せて運転するクールエクスプレス。電源コンテナ中央の電灯は電源の稼働を示している
写真：掘井純一

集中式コンテナのUF26A形1000番台は冷凍機のみを備え、ディーゼルエンジンを持たないため内容積が大きい　写真：掘井純一

ランテックはさまざまな大きさとタイプの31ft冷凍コンテナを揃えた。手前下段のUF42A形は背が低いことが分かる　写真：植松昌

2種類で試験を行い、「クールコンテナシステム」と名付けられた。

北海道～東京間は集中式の電源コンテナZG形をＪＲ貨物が製作し、私有コンテナのUF26A形とUF27A形、長さ12ftの5トンコンテナUF15A形を使用した列車が「クールエクスプレス」として運転された。なお、集中式のコンテナは1000番台とされている。また北海道～大阪間などでは、分散式のUF25A形と長さ30ftのUF40A形が用いられた。

しかし、集中式は電源コンテナの運用による制限があるため1996（平成8）年で中止となり、すべて分散式となった。

分散式は20ftコンテナが漸減する一方、30ftは徐々に数を増やし、とくに九州牛乳輸送（のちのランテック）は東京～大阪～福岡間を中心に現在まで継続して冷凍コンテナ輸送を行っている。最近では、全国通運や北尾運送なども積極的に冷凍コンテナを増備し輸送を行っている。なかには荷重が15トンを超えるようなものもある。

なお、青函トンネル内は火災事故防止のためディーゼルエンジンを停止する必要があり、GPSでコンテナの位置を把握しエンジンの停止と再起動を行っている。この装置が付いていない冷凍コンテナは、青函トンネル通過禁止となっている。

5トン冷凍コンテナ

5トンコンテナは国鉄時代、試作的なコンテナが製作された程度であった。ＪＲ貨物のクールコンテナシステムの開始により集中式のUF15A形1000番台が製作されたほか、分散式のUF11A～UF15A形が相次いで登場し、1992（平成4）年には内容積を拡大したUF16A形も登場している。

その後、UF15A形とUF16A形を中心に順調に数を増やしていったが、冷凍コンテナの製作を手がけていた大手メーカーが撤退したこともあり大幅に個数を減らし、一時は12ft冷凍コンテナの存続が危ぶまれた。しかし、2018（平成30）年に丸和通運が冷凍機メーカーやコンテナメーカーと新たに冷凍コンテナを共同開発し、再増備している。

集中式の5トンコンテナUF15A形1000番台は、冷凍機がコンパクトにまとめられている。妻面下部に電源からの受口が見える　写真：掘井純一

丸和通運が中心となりコンパクトな冷凍機を開発してUF16A形の製作が再開され、12ft冷凍コンテナを消滅の危機から救った　写真：植松昌

7-06

通風コンテナ

5トン通風コンテナ

冷蔵コンテナと同じ1961（昭和36）年に5トン通風コンテナが少数製作され、1967（昭和42）年には片妻開きのV11形が量産された。有蓋コンテナに開閉式の通風口を設けたもので、有蓋コンテナ兼用であった。その後は有蓋コンテナのC10形やC11形を簡易通風改造するようになり、増備されなかった。1983（昭和58）年には私有コンテナのUV1形が登場し、妻側二方開きで外側から簡単に通風口が開閉できる1000番台を中心に増備した。

ＪＲ貨物発足後は通風コンテナも有蓋コンテナと同じ汎用コンテナとして製作することとなり、1987（昭和62）年には妻側二方開きで開閉装置付きのV18A形が登場、翌年からは改良形のV18B形が製作され、さらに1989（平成元）年からは両側開きのV18C形が量産された。

1998（平成10）年からは、容積を拡大し隅金具付きとした両側開きのV19A形が製作されたが、2003（平成15）年に通風口開閉装置を内側に設けた妻側二方開きのV19B形が製作された。2006（平成18）年からは両側開きも開閉装置を内側にしたV19C形となり、現在も増備されている。

私有コンテナは1998（平成10）年にUV19A形が誕生した。最初の500個はUV1形1000番台と同様の構造であったが、2014（平成26）年製からはV19C形と同形態となり、現在は内航海運兼用のコンテナが毎年のように増備されている。

10トン・大形通風コンテナ

国鉄とＪＲ貨物は長さ20ft以上の10トン通風コンテナを製作しておらず、すべて私有コンテナである。1972（昭和

通風口の開閉を外側から簡単に行える構造として有蓋兼用としたUV1形1000番台は好評を博した
写真：植松昌

通風口の開閉を内側にした両側開きのV19C形は有蓋兼用で、ＪＲ貨物所有の通風コンテナの標準形式となっている　写真：植松昌

47）年に野菜や果物の輸送用にUV5形が製作され、有蓋兼用として使用された。

ＪＲ貨物発足後は、1988（昭和63）年に20ftのUV30A形が登場しているが数は少ない。なかにはUV26A形のように4トントラックに積載できるよう総重量4.75トン、最大幅2170㎜に収めたものもある。コンテナ車に載せる際は、下部の隅金具を幅方向に引き出して積載する構造を採っている。

30ftは同じ1988（昭和63）年にUV46A形が、翌年にはUV50A形が製作され、さらに1993（平成5）年には長さ31ftのUV56A形が登場している。10トン通風コンテナは現在も長さ30ftと31ftの両方が製作され続け、主要形式はUV48A形、UV51A形、UV54A形で各通運会社の所有となっている。基本的には片妻開きであるが、UV48A形のようにウイングコンテナ「エコライナー 31」の一員で荷重13トン以上のものもある。

北見地域のタマネギ輸送列車の存続をアピールするため製作された、両側面でデザインが異なるタマネギ柄のコンテナ
写真：平出圭

4トントラックに積めるよう、幅が狭くなっているUV26A形のコンテナ。下部の隅金具を引き出してコンテナ車に積載している
写真：植松昌

31ftの通風コンテナは有蓋コンテナとともに宅配便の輸送でも活躍している。宅配便会社のロゴが大きく入ったものもある
写真：植松昌

7-07

無蓋コンテナ

長さ20ftの10トン無蓋コンテナ

1970（昭和45）年の私有コンテナ制度の制定で、有蓋のUC5形とともに登場したのがUM5形無蓋コンテナである。有蓋コンテナの屋根を無くし、キャンバスシートで覆ったものである。国鉄でも同時期に無蓋コンテナを試作したが、試作にとどまっている。1987（昭和62）年には、引越コンテナなどを積載する背の低い枠が付いた平床コンテナも製作されている。

ＪＲ貨物発足後は、1990（平成2）年に3～4段重ねで回送することができるUM13A形とUM17A形が製作された。その後、1995（平成7）年には「クリーンかわさき号」に使用するUM11A形とUM13A形が製作され、その翌年には埼玉新都心建設工事にともなう建設発生土の輸送用にUM12A形が製作されている。UM12A形は上部から積み込んだ後、開閉式の屋根で覆う構造となっており、土砂や焼却灰など積荷の飛散を防止して輸送できるため5000番台を中心に重用さ

国鉄時代の10トン無蓋コンテナは、屋根部分をキャンバスシートで覆ったオープントップタイプが多かった　所蔵：植松昌

開閉式の屋根があり、ダンプカーのように傾けると妻面から取卸しできるUM12A形は、土砂や焼却灰の輸送に重用されている　写真：福田孝行

少量輸送用の2トン積小型コンテナ2個を積載するUM9A。積荷が1個しかない場合は死重積みのコンテナを載せている　写真：掘井純一

東日本震災の瓦礫輸送用に製作されたUM8A形。「心をひとつに がんばろう!東北」の言葉が記されていた　写真：植松昌

れている。現在では2500個以上が製作され、各地で活躍している。

5トン無蓋コンテナ

1971（昭和46）年にUM1形が登場した。工事資材輸送用の背が低いものや、屋根開閉式、三塩化チタニウム輸送容器積載用など、さまざまな形態があった。

ＪＲ貨物は、1987（昭和62）年に自動車輸送用のM15A形を、翌年には輪軸輸送用のM2A形を製作している。

私有コンテナでは、1988（昭和63）年に容器入り化成品輸送用にUM9C形とUM8C形が製作された。翌1989（平成元）年には、日本通運の2トン積小型コンテナ2個を積載するUM9A形が登場し、900個近く量産されている。

このほか、「クリーンかわさき号」で輸送する空き缶・ペットボトル用とプラスチック製容器包装用として、UM8A形が製作されている。UM8A形は東日本大震災後の瓦礫輸送用としても500個以上が増備されている。

無蓋コンテナは、床面積の大きさ（㎡）で形式が決まるため、同一形式でも平床から背の高い箱状のコンテナまで、形態が多岐にわたることが多い。

乗用車5台を積載したUM20A形。カーラックと呼ばれたカバーが取り付けられたコキ71形に積載され、汚損防止が図られた　写真：渡辺一策

長さ30・40ftの無蓋コンテナ

1994（平成6）年に登場した乗用車輸送用のUM20A形は長さ30ftの無蓋コンテナで、コキ71形に取り付けたカバー状のカーラックのなかに積載する方式である。乗用車4～5台を輸送するため、荷重は7トンと軽量であった。また2000（平成12）年には、工業塩の輸送容器を運ぶUM30S形が製作された。トラ70000形を使用した輸送をコンテナ輸送にしたものである。

さらに2015（平成27）年には長さ40ftのUM27A形が誕生した。ＪＲの形式・番号が付くコンテナでは唯一の40ftコンテナである。長尺鋼材を輸送するもので、長さ30ft級用のトップリフターでコンテナ車に積卸しできるよう工夫されていた。

輸送容器入りの工業塩をトラ70000形からコンテナ化したUM30S形85400番台は、形式・番号ともにイレギュラーであった　写真：掘井純一

鉄道用コンテナでは唯一の長さ40ftのUM27A形。上部隅金具を内側に設け、30ftトップリフターでの積卸しを可能とした　写真：植松昌

タンクコンテナ

5トンタンクコンテナ

国鉄では1965（昭和40）年、植物性硬化油専用の400形（のちのT10形）など3形式を試作した。翌年から量産化を進め、ほかの専用種別も含め17形式を数えるまでになった。これらのなかにはタンク体断面形状を楕円形にして重心を下げたものや、タンク体材質をステンレス鋼製にしたもの、タンク体周囲を保温材で覆ったものもあった。

タンクコンテナは使用する荷主や輸送区間が限定されてしまうため、1970（昭和45）年の私有コンテナ制度制定後は私有コンテナとされた。私有タンクコンテナは一般品（非危険品）のUT1形と危険品のUT3形に分けられたが、さまざまな専用種別が混在し、高圧ガスのものもあった。

ＪＲ貨物発足後はタンク車からコンテナへの移行が進められ、新たな専用種別が登場した。しかし、タンクコンテナも大型化が進み、一時は1100個以上を数えた5トンタンクコンテナも、現在では250個近くにまで減少している。

長さ20ftのタンクコンテナ

長さ20ftの10トンタンクコンテナは、1978（昭和53）年に牛乳専用のUT5形が登場するまで待たなければならなかった。当時は化成品のタンク容器に関する規制が厳しく、化成品の10トンタンクコンテナは製作できなかった。国際海上コンテナの陸送にともない規制が緩和され、1984（昭和59）年の拠点間直行輸送方式への転換により、化成品をタンク車からコンテナに移行する必要が生じUT5形やUT9形が製作された。翌年には航送用のUT7形も登場し数を増やした。

ＪＲ貨物発足後も化成品のコンテナ移

鉱物油専用のT60形は、ステンレス鋼製の楕円形タンク体の周囲を保温材で覆い加熱管も備えていた　所蔵：植松昌

エアコンの冷媒として使用されていた液化フロン22専用のUT1形は、ずんぐりとした形の高圧ガスタンクコンテナであった　写真：掘井純一

ISO規格の国際海上コンテナにＪＲ形式・番号を付け、私有コンテナとなったUT11K-95082　写真：植松昌

行は進み、10トンタンクコンテナの数量は急増していった。さらに1997（平成9）年には20トン積となる総重量24トンのUT13C形やUT14C形が製作され、2000（平成12）年にコキ200形が登場してからは20トン積の大形タンクコンテナが続々と誕生した。また2009（平成21）年には国際海上コンテナにＪＲ形式・番号を付け、私有コンテナとするようにもなった。

国鉄からＪＲ貨物に移行した1987（昭和62）年時点で47個であった20ft級のタンクコンテナは、1999（平成11）年には1000個を超え、2019（平成31）年4月には1454個まで数を増やした。ところが、ＪＲ貨物の形式・番号を付けなくても国際海上コンテナとして輸送できることから、近年は国際海上タンクコンテナのまま輸送する例が増えており、ＪＲ貨物の形式・番号を付けたタンクコンテナは漸減している。

長さ30ftのタンクコンテナ

1999（平成11）年にLNG（液化天然ガス）専用の30ftタンクコンテナが誕生した。魔法瓶に似た断熱構造とし、積荷を超低温状態に保っている。2003（平成15）年には容積を拡大したUT26C形も製作されたが、LNG輸送は輸送量が増えるとパイプラインとなってしまうため、現在は北海道で輸送されているだけで大幅に数を減らしている。

長さ30ftのタンクコンテナは比重の小さいLNG専用に限られているが、超低温輸送が必要なため魔法瓶構造となっている　写真：植松昌

7-09

ホッパコンテナ・活魚コンテナ・電源コンテナ

5トンホッパコンテナ

合成樹脂のバラ積み輸送用として、1965（昭和40）年にポリプロピレン専用の950形（のちのH90形）が試作された。翌年には塩化ビニル樹脂専用のH91形が試作され、H10形改番後に量産された。1969（昭和44）年にはカーボンブラック専用のH12形が製作されたが、私有貨車制度制定後はタンクコンテナと同様、ホッパコンテナも私有コンテナとされた。

1971（昭和46）年、おもに合成樹脂輸送用のUH1形と粒状カーバイト専用のUH3形が登場した。UH1形のなかには麦芽専用などもあったが、各種合成樹脂専用として600個以上が製作された。ＪＲ貨物発足後は、1989（平成元）年のUH6A形を皮切りにUH8A形、UH10A形と順次拡大していった。しかし20ftが主流となり、現在ではわずかに残るだけである。

塩化ビニル樹脂専用のH10形は天井部分から積み込み、荷卸しは荷台を傾けて写真手前の取出し口から行う　所蔵：植松昌

10トンホッパコンテナ

長さ20ftの10トンホッパコンテナは5トンと同じ各種合成樹脂用で、1977（昭和52）年に誕生したUH5形が最初である。ＪＲ貨物発足後は1988（昭和63）年にUH17A形とUH20A形が、1992（平成4）年からは航送用のUH20B形が登場している。いずれも合成樹脂用で、それぞれ多数製作されたが、現在は16トン積

5トンホッパコンテナでは内容積が最大のポリエチレン専用のUH10形。ごく少数だが現在も使われているものがある　写真：植松昌

長さ20ftの10トンホッパコンテナのうち、航送用のUH20B形は写真の左上に記されている国際海上コンテナ番号も持っていた　写真：植松昌

自動車用タイヤの原料となるカーボンブラック専用のUH29A形も、国際海上コンテナ番号を持っていた　写真：植松昌

で背高のISO規格コンテナが主流となってきており、漸減している。合成樹脂以外ではカーボンブラック専用のUH29A形が挙げられる。2008（平成20）年から20ft国際海上コンテナを使用して輸送されていたが、増備された国際海上コンテナにはＪＲ貨物の形式・番号が付けられUH29A形となり、その後も増備されている。さらに2020（令和2）年には、同形態でシリカ専用のものも登場している。

活魚コンテナ

1987（昭和62）年に長さ20ftの活魚コンテナU8D形が登場し、九州～東京間で運用された。翌年には12ftのU4D形も誕生し、大阪～札幌間の輸送に使用された。戦前の活魚車のコンテナ版に相当するもので、両形式とも増備されはしたが、活魚輸送の技術的な難しさとトラックによる活魚輸送の進展により、5年ほどで輸送は終了してしまった。

電源コンテナ

2000（平成12）年、国際海上コンテナ輸送における40ftリーファーコンテナの冷凍機の電源供給用として、長さ12ftの電源コンテナUG8D形が製作された。さらに2010（平成22）年には後継のUG15D形が製作されたが使用頻度は高くなかった。そこで2016（平成28）年に、長さを20ftに延ばす改造を1個行ってＪＲ貨物のZG15A形とし、2018（平成30）年から20ftリーファーコンテナの電源供給コンテナとして使用している。さらに、2020（令和2）年には残りも12ftのZG15B形、ZG15C形となり、各地の主要コンテナ取扱駅に配備されている。

活魚コンテナは形式・番号としては有蓋コンテナの一種とされていた。使用期間が短く、謎の多いコンテナである　写真：掘井純一

20ftリーファーコンテナへの電源供給用に、12ftコンテナの前後に枠を設けて20ftに延ばし、ＪＲ貨物所有となったZG15A形　写真：植松昌

7-10

事業用コンテナと国際海上・ISO規格コンテナ

事業用コンテナ

国鉄時代の事業用コンテナとしては長さ12ftのS90形車掌室コンテナがあるが、試作にとどまった。

ＪＲ貨物発足後は、1988（昭和63）年に集中式クールコンテナシステムの電源コンテナで、20ft冷凍コンテナ14個に給電できるG30A形が試作された。これを改良したZG形が量産され、「クールエクスプレス」の給電コンテナとして使用された。

また1993（平成5）年には、台車側枠の輸送用に12ftのZM6形が製作され、2002（平成14）年には機関車などの性能測定用に20ftのZX45A形が、翌年にはスーパーレールカーゴの代替コンテナとして31ftのZ54A形が誕生している。

さらに、荷役作業時の荷崩れ防止用に内部が見えるZX18A形やZX19A形が、輪軸輸送用にZM8A、ZM8B、ZM8C形も製作されている。そのほか、老朽した

「クールエクスプレス」の集中式電源コンテナZG形。電源コンテナの運用がネックで、わずか8年間しか使用されなかった　写真：掘井純一

機関車などの性能測定用に使用されるZX45A形。「リサーチキャビン」の愛称を持っている
写真：植松昌

荷役作業における荷崩れを可視化するためスケルトンとしたZX19A形。荷崩れの様子がよく分かる
写真：植松昌

廃棄PCB輸送の専用コンテナとして製作されたW18F形。北海道にある処理施設に向け、全国各地から輸送が行われている　写真：植松昌

12ft有蓋コンテナに死重（重し）を載せたZD18D形、ZD19D形、ZD19G形などが輸送試験に使用する代替コンテナとして使用されている。

ＪＲ貨物では廃棄物輸送にも力を入れているが、一般の荷主に配慮して、12ft有蓋コンテナの頭にWを付けた廃棄物輸送専用コンテナとしている。また廃棄PCB輸送用として特殊構造のW18F形が使用されている。

国際海上・ISO規格コンテナ

鉄道輸送される国際海上コンテナは現在、ISO規格の長さ20ft（6058mm）と40ft（1万2192mm）のコンテナで、幅8ft（2438mm）、高さ8ft6in（2591mm）が基本だが、40ftコンテナでは高さ9ft6in（2896mm）も認められている。最大総重量は長さ20ftが24.0トン、40ftが高さ8ft6inは30.48トン、9ft6inは32.5トンと定められている。高さ9ft6inのハイキューブコンテナは輸送区間が限られているが、8ft6inであれば全国各地に輸送することができる。

国際海上コンテナの種類としては、ドライコンテナ（有蓋コンテナ）、リーファーコンテナ（冷凍・定温コンテナ）、タンクコンテナが中心で、ＪＲ貨物では無蓋コンテナに分類されるオープントップコンテナやフラットラック（平床）コンテナがまれに輸送されることがある。

このほか、国内輸送だけではあるが、ISO規格で製作された長さ20ftのタンクコンテナやバルクコンテナ（ホッパコンテナ）も多数運用されている。タンクコンテナの一部はＪＲ貨物の形式・番号を付けているが、少数にとどまっている。

ハイキューブのリーファー国際海上コンテナ。温度上昇を防ぐため、リーファーコンテナは白色とされている　写真：植松昌

（上）ISO規格の国際海上コンテナではあるが、国内輸送専用として私有コンテナの代わりに使用されているバルクコンテナ
写真：植松昌

（左）陸上自衛隊の96式装輪装甲車を輸送する無蓋国際海上コンテナ。貨車で行っていた機材輸送もコンテナ化されている
写真：佐藤浩樹

おもな参考文献

『貨物鉄道百三十年史』（日本貨物鉄道 2007年）

『写真でみる 貨物鉄道百三十年史』（日本貨物鉄道 2007年）

『JR貨物15年の歩み』（日本貨物鉄道 2003年）

『JR貨物30年のあゆみ』（日本貨物鉄道 2019年）

『鉄道貨物輸送近代化の歩み』（日本貨物鉄道 1993年）

『日本の貨車 ─技術発達史─』（日本鉄道車輌工業会 2008年）

『私有貨車・私有コンテナ取扱ハンドブック』（日本鉄道車両機械技術協会 1994年）

『貨物鉄道の実務』（交通新聞社 1997年）

『鉄道・貨物の謎と不思議』（梅原淳著 東京堂出版 2012年）

『国鉄時代の貨物列車を知ろう』（栗原景著 実業之日本社 2023年）

『貨車車票の歴史』（浦田慎著 2012年）

『あの日から30年 59-2ダイヤ改正 国鉄貨物列車大変革期』（イカロス出版 2015年）

『貨物列車の世界』（交通新聞社 2017年）

『新しい貨物列車の世界』（交通新聞社 2021年）

『増補版 よみがえる貨物列車』（吉岡心平・植松昌著 学研 2023年）

『車両検修技術 貨車編』（日本国有鉄道 1978年）

『近代改訂 図解客貨車』（交友社 1984年）

『国鉄冷蔵車の歴史』（渡辺一策著 ネコ・パブリッシング 2001年）

『車を運ぶ貨車』（ネコ・パブリッシング 2006年）

『大物車のすべて』（吉岡心平著 ネコ・パブリッシング 2007年）

『復刻増補 プロフェッサー吉岡の私有貨車図鑑』（吉岡心平著 ネコ・パブリッシング 2008年）

『有蓋ホッパ車のすべて』（吉岡心平著 ネコ・パブリッシング 2011年）

『無蓋ホッパ車のすべて』（吉岡心平著 ネコ・パブリッシング 2012年）

『ドクターイエロー&イーストアイ』（イカロス出版 2016年）

『国鉄コンテナのすべて』（吉岡心平著 ネコ・パブリッシング 2009年）

◉定期刊行物

『貨物フォト』（日刊運輸タイムズ社/運輸情報センター）

『貨物時刻表』（鉄道貨物協会）

『JRかもつ／MONTHLYかもつ』（鉄道貨物協会）

『鉄道ピクトリアル』（鉄道図書刊行会）

『鉄道ファン』（交友社）

『レイル・マガジン』（ネコ・パブリッシング）

『ジェイ・トレイン』（イカロス出版）

『鉄道コンテナ年鑑』（オークまんじゅう）

貨物列車用語の索引

あ

あおり戸 …… 100 127
迂回列車 …… 011
内羽目板 …… 096 097
営業所 …… 029
エコ関連物資 …… 015 061
エコレールマーク …… 009
延長換算 …… 036 037
大形コンテナ …… 121 123

か

貸切扱 …… 024
濶大貨物 …… 015 024
側総開き戸式 …… 052 078 096
側開き式 …… 089 104 105
換算両数 …… 037 079
貫通ブレーキ …… 045 112
急行小口扱 …… 051
急行宅扱貨物列車 …… 048
協同一貫輸送 …… 054 126
組立駅 …… 032
継送 …… 031 037 054
牽引定数 …… 036 037
甲種鉄道車両輸送 …… 015 024
高速貨物列車 …… 016 017 053 056 058 060
構内作業掛 …… 032 033 091 115
小運送業 …… 034 035
小口扱貨物 …… 021 048
小口急送貨物列車 …… 051
小口混載貨物 …… 021

さ

柵柱 …… 085 100
事業用貨物 …… 012
自動化操車場 …… 056
自動隙間調整器 …… 114
車籍編入 …… 022
出発線 …… 025 027 033
静脈物流輸送 …… 015
仕訳線 …… 029 032 033
新営業所 …… 029
真空ブレーキ …… 045 047 112
新専貨 …… 057
専用貨物列車 …… 016 017 024 055 057
専用種別 …… 075 079 123 136
専用線 …… 024 025 028 048
増トン工事 …… 045
速達貨物列車 …… 045 047 112
組成 …… 013 030 032 037 039 046 056
底開き式 …… 088 089 104 105 111

た

代行輸送 …… 011 125
宅扱 …… 048 050 051 079
地域間急行貨物列車 …… 031 041 054 056
着発線 …… 029 059
積合せ貨物 …… 015 021
積付検査 …… 027
手小荷物輸送 …… 020
鉄道利用運送事業 …… 021 024 034 035
転用改造 …… 051
到着線 …… 025 029 032
特積み(特別積合せ貨物輸送) …… 021
特別小口扱 …… 048
トップリフター …… 026 029 040 060 135

な

荷扱手 …… 080 090
荷役線 …… 029 059 060 064

は

ハイキューブコンテナ …… 062 087 141
バラ積み …… 025 081 082 088 098 104 138
ピギーバック輸送 …… 059 085
封印環 …… 024
物資別適合貨車 …… 017 055 084 085 088 100 101
物資別適合輸送 …… 017 024 025 031 055
ブロックトレイン …… 041 060 061

ま

増積 …… 050
モーダルシフト …… 009 064 065

や

輸送トンキロ、輸送トン数 …… 008 009 012

ら

連帯運輸、連絡運輸 …… 013 044

英数字

ORS(オフレールステーション) …… 029
10000系高速貨車 …… 053 078 087 109 110 113

執筆者プロフィール

植松　昌（うえまつ　まさし）

1959年東京生まれ。東京理科大学工学部機械工学科卒。中学時代から鉄道を趣味としていたが、大学入学を機に貨車研究を始め、私有貨車を中心に研究を重ねる。最近は貨物鉄道輸送やコンテナにも視野を広げている。『日本の貨車 －技術発達史－』、『車を運ぶ貨車』、『あの日から30年 59-2ダイヤ改正 国鉄貨物列車大変革期』、『貨物列車の世界』、『新しい貨物列車の世界』、『増補版 よみがえる貨物列車』などの共同執筆、監修に携わる

表紙：伊藤明彦（アイ・デプト）
本文DTP：井上　亮
作図：有限会社パシフィック・ウィステリア
協力：《個人》石原豊巳、岩沙克次、伊藤英雄、浦田慎、佐藤浩樹、鈴木靖人、豊永泰太郎、長門克巳、南野哲志、西光、平出圭、平野玲音、福田孝行、福原邦夫、古谷雅之、掘井純一、宮坂達也、吉岡心平、若尾侑、渡辺一策、渡辺圭介
《団体》公益社団法人鉄道貨物協会、鉄道博物館、日本貨物鉄道株式会社、物流博物館
（五十音順）
編集協力：野上　徹

ダウンロードサービス案内

スマホ用壁紙として無料でダウンロードしていただけます。
この二次元バーコードより専用ページへアクセスしてください。
https://www.kotsu.co.jp/download/imasara/freight/

今さら聞けない鉄道の基礎知識　001

貨物列車

2024年4月2日　発行

著　者：植松　昌
発行人：伊藤嘉道
発行所：株式会社交通新聞社
〒101-0062　東京都千代田区神田駿河台2-3-11
☎03-6831-6560（編集）
☎03-5831-6622（販売）

印刷・製本：図書印刷株式会社
（定価はカバーに表示してあります）

ISBN978-4-330-01324-4